サンクト・ペテルブルグ
Санкт-Петербург

近代ロシアの父と言われるピョートル大帝の肖像画。モスクワにかわる首都として、「ヨーロッパに開く窓」サンクト・ペテルブルグを建設

ピョートルの小屋博物館。ペテロ・パウロ要塞完成までの最初の5年間の夏をすごした丸太小屋がこの中にすっぽり納められている

口絵扉——サンクト・ペテルブルグのシンボル、
ピョートル大帝像（「青銅の騎士」）

参謀本部の前に広がる宮殿広場とアレクサンドルの円柱

人類学民族学博物館（クンストカメラ）。人類の歴史をさかのぼり、人間の誕生から死まで……。
ピョートル大帝の飽くなき好奇心と徹底した収集を見る

Санкт-
Петербург

膨大な美術品コレクションの見学もさることながら、建造物としての内部を見学することもエルミタージュ博物館の魅力

エカテリーナ二世の肖像画。ピョートル大帝が建設した都市に華を咲かせた女帝

ネヴァ川本流越しに見るエルミタージュ博物館

小玉座の間

（右上）モザイクの床
（右下）エカテリーナ二世の黄金の馬車

Санкт-
Петербург

ワレーリィ・ゲルギエフが率いるマリインスキー劇場はサンクト・ペテルブルグの華。バレエにオペラに白夜祭を彩る

マリインスキー劇場

「夏の庭園」の門

「プーシキンの家博物館」の前に立つプーシキンの像

「夏の庭園」。北はネヴァ川本流、東はフォンタンカに囲まれた緑豊かな市民の憩いの公園

キリスト復活教会。アレクサンドル二世の暗殺現場に建てられ、普通は「血の救世主」寺院と呼ばれる

花が絶えないチャイコフスキーの墓
（アレクサンドル・ネフスキー修道院）

文豪ドストエフスキーの墓
（アレクサンドル・ネフスキー修道院）

ドストエフスキーの書斎を再現

ドストエフスキー博物館

ドストエフスキーの家族の写真

市民生活をかいま見る市場

中公新書 1832

小町文雄著

サンクト・ペテルブルグ

よみがえった幻想都市

中央公論新社刊

はじめに――よみがえった幻想の町

豪壮な町

サンクト・ペテルブルグというのは、なんとも不思議な町としか言いようがない。

この名を聞くと、人はまず、見たこともない白夜を想像するのではあるまいか。深夜をすぎても暗くならず、美しい街並みが白い光の中に浮かび上がるという、想像力をかきたてる不思議な景色。じつは白夜のときは、大方の想像に反して町は深夜すぎまで、わが国の夏の西日のような妖しいオレンジ色の光に強烈に照らされる。そのあとでやっとおだやかな薄暮となり、真っ暗なのはほんの二、三時間だけで、すぐにまた明るくなる。

白夜を幾晩か経験するだけで、人はこの不思議な町にとらわれたようになってしまい、精神の均衡を失いそうになる。ゴーゴリの語る怪奇譚やドストエフスキーが描く心理的葛藤の世界にも、あまり違和感をもたずに入れるようになってしまう。

ペテルブルグの不思議な雰囲気は、白夜にとどまるものではない。この町はヴェネツィアやアムステルダムと比べられるほどの水の都である。ただ、水に囲まれ、縦横に運河で区切られた有名なヴェネツィアの旧市街やアムステルダムの中心部はそれほど大きくないが、こちらは人口が四七〇万もある大都会なのだ。それなのに町の面積の一割は水面だというのである。ペテルブルグには四二の島と、大小四〇の川と、延べ一六〇キロに及ぶ二〇の運河と、合計三四二の橋がある。

ものの本によると、同じく水の都として名高いアムステルダムには大小一六五の運河と一三〇〇余りの橋があるという。数はこちらのほうが多いが、ペテルブルグと比べるなら、人口七三万のアムステルダムといえどもヴェネツィアのように、せまくて細かい町である。ほんとうに小さなものまで勘定に入れないと、この数にはならないだろう。これらにひきかえ、ペテルブルグは圧倒的な大都市の規模の中に、これだけの水をかかえこんでいるのだ。水路も橋も、ほとんどが大きなものばかりである。

さらにここは二〇〇年にわたってロシア帝国の首都だったのだが、町の景観はどう見てもロシアではない。ネギ坊主のような形のクーポル（丸屋根）が特徴のロシア風教会はほとんどないし（じつはかなりたくさんあったのだが、社会主義時代にほとんど破壊されてしまった）、ロシアのおとぎ話に出てくるような、八角錐の尖塔や階《きざはし》のついた宮殿も見かけないし、古いロシアらしい木造家屋も見当たらない。大部分がバロック、クラシック、モダンなどのヨーロッパ式の石造建築なのである。

さりとて、これはヨーロッパのどこかにあるような町ではない。生みの親ピョートル大帝はアムステルダムを念頭においたのだが、完成した大都市ペテルブルグは、小規模な建物がきれいに立ちならぶアムステルダムに似ているとは言えない。イタリア風やフランス風の建物であふれてはいるが、イタリアにもフランスにも、どこにもこんな町はない。これはペテルブルグ以外の何物でもないのである。

そしてこの町は、まったく新しいのだ。ローマは言うに及ばず、ロンドンやウィーンなど、ヨーロッパの大都市の景観は何世紀もの歴史をかけて作り上げられた。それにまさるとも劣らない豪壮な町ペテルブルグは、一八世紀初頭から革命までのたった二〇〇年の間に作られたのである（その後の社会主義時代には、若干のソビエト様式建築物以外には、これという新しいものは加えられなかった）。歴史的風格に満ちたこの町は、アメリカ東部の大都市並みの若さなのである。

非現実的

この町は見る人を魅惑する。ただ美しいからだけではなく、どこか非現実的で幻想的なのである。何もないところに設計図どおりに作った町、北国ロシアには似合わない南国イタリア風の景観をもつ町。いたるところに大小の水路をもつ町。こうした人工的な、いわば劇場的な空間が作り出す雰囲気がどこかはかなく、非現実的になるのは当然だろう。

しかもその美には、深いかげりが宿る。帝国の栄光に満ちた歴史についてまわるたくさんの悲劇や、誕生当初からかかえている矛盾、そして革命と戦争の傷跡があちこちで透けて見えるからだろうか。

たとえば北国の河口の三角洲という自然条件の悪いところに、残酷な強制力を用いて急いで築いたために生じた多数の犠牲者。この町は人骨の上に立つ、とさえ言われる。河口に作ったために、幾度となく高潮によってひき起こされた大洪水。呪われた不幸の町、と評されることもある。

絶対的権力をもった専制君主と、それを取り巻く貴族たちが宮廷内で繰り返した激しい権力争い、敗者に対する残酷な刑罰、無数の陰謀と悲劇の記憶。一九世紀末以降の度重なる要人暗殺事件、テロルの横行、そして流血の革命。革命と内戦よりはるかに多数の犠牲者を出した不条理な大粛清、さらには六〇万以上の市民が餓死した、独ソ戦時二年半の包囲戦。

上流階級の宮殿や館で繰り広げられた、ヨーロッパのどの町よりもぜいたくだと言われた生活のすぐわきにはドストエフスキーが描いたような、下層階級がうごめく陰鬱な生活があった。

ペテルブルグはそもそも外観からして現実感を欠いている上に、苛酷な自然条件を背負い、歴史の栄光と悲劇が重なって詰まっているのである。これらが渾然一体となって、魅惑的な美と、非現実的な幻想と、そして底知れぬ情感をかもし出すのだろう。

社会主義の七〇年

世界には人々をひきつけてやまない、すばらしい大都市がたくさんある。ヨーロッパだけでもロンドン、パリ、ローマ、マドリード、ミュンヘン、ウィーンなどの名前が思い浮かぶ。しかしペテルブルグという町が、これらに劣らない魅力に満ちていることは、はたしてどの程度知られているだろうか。

ヨーロッパの町々の魅力を伝えようとする本は日本でもたくさん出されてきた。ところが、ペテルブルグに関しては、そういうものがほとんど見つからないのだ。なぜなのだろうか。大きな理由のひとつは七〇年間続いた社会主義体制である。

まず、あの時代には町の魅力自体がへってしまった。なにしろ教会、宮廷、貴族、地主、新興ブルジョアジーなどを否定・抹殺したので、それらが残した文化遺産も業績も大事にしなかった。ソ連の国威に光をそえる特定の観光名所をのぞいて、建造物の多くはボロボロになった。ソ連ではどこでも町の景観維持がいい加減だったので、国じゅうの町がみすぼらしくなったのだが、ここはもとが豪華壮麗だっただけに、荒廃した姿はひときわ無残であった。

教会は特に痛めつけられた。中小教会の多くは爆破・撤去された。残されたものも野菜や建材の倉庫にされた。大聖堂でさえ、ほんのいくつかをのぞいては、文化財としてまともに維持されなかった。

たとえば、荘重にして豪華な「血の救世主」寺院というのがある。アレクサンドル二世が爆弾で暗殺された場所に建てられた、精妙なモザイクで飾られた、比類のない文化遺産である。あの教会でさえ、ながらく放置され、倉庫にされ、一時は爆破する計画すらあった。ヴァチカンの聖ピエトロ教会に次ぐ規模をもったモスクワの救世主キリスト寺院でさえ、実際に爆破されてしまったのだから、危ういところであった。

もともと非現実的雰囲気をもつ町は、歴史を否定されたために、さらに虚構性が増した。レニングラード（ソ連時代の名称）では、主要名所は美しく保たれていたが、多くの場所がみすぼらしく、陰気だった。しかも多くの由来が伏せられていたので、うさんくさく思われた。レニングラードに感心するためには、かなりの教養と知識が必要だった。それを欠きながら、社会主義の欺瞞は気になったので、私はこの町にすなおに感心できなかった。

社会主義は歴史を虚構でおおってしまうものである。多くのできごとが歪曲され、あたかもなかったかのように無視された。ペテルブルグではひとつひとつの建物、ひとつひとつの区域すべてが濃縮された歴史をもっているのに、それにまともな関心を向けることは封じられ、情報は制限された。そのほとんどが宮廷、教会、貴族、金持ちに関するものだったからである。目の前にある多くの美しい記念物はなんと、忌むべき過去の遺跡というわけなのであった。

歴史を取り戻した町

社会主義は自由な経済生活を禁止したので、町は活気を失った。人間が生を謳歌できる場面は少なくなった。娯楽も生活サービスもとぼしかった。商店もレストランも少なく、生活水準は低く、人々の表情は暗かった。設備や家屋の破損は放置され、町のかなりの部分が廃墟のようになった。こういう町に魅力を感じるのはむずかしい。しかも社会主義は居住の自由を与えなかった。ソ連では、外国人は特定の限られた目的でしか滞在が許されなかったから、日ソ国交回復後のレニングラードで生活を経験した日本人は、ごく少数の留学生や外交官だけだったと思われる。レニングラードのことを勉強して多少知っている人でも、その実際の見聞はほとんど短期観光旅行に限られていたのである。

これだけ悪い条件がそろえば、その魅力を語る本を書ける人など、なかなか現われるものではないだろう。そんな本がなくても仕方がない。パリやウィーンの場合とは違うのである。

もちろん日本のロシア文学やロシア史の専門家は、ロシア人によるこの町の文化論を翻訳し、さまざまな論文を書いてはきたが、かなり専門的なので、一般読者向けとは言いにくい。時代は変わり、ソ連崩壊後にこの町での生活を経験する人がふえてきた。そういう人が書いたものも現われ始めているので、これからはいろいろな角度からサンクト・ペテルブルグの案内が書かれるようになるだろう。また、ペテルブルグはソ連時代とは見違えるほどきれいになり、二〇〇三年の建都三〇〇年祭で、町はすっかり化粧直しをした。有名な名所・旧跡だけではない。まだ十分ではないが、それほど有名ではない通り、建物、建造物もかなり修復された。教会も信者と活気を取り戻した。商店がならぶ通りの多くも、歩いて楽しいものになった。

文化財や町の外見だけではない。商品が出回り、娯楽がふえ、生活が明るくなったので、町に生気がよみがえった。もともと美しい女性たちは、さらに美しく着飾るようになった。市場へ行けば、今ではイタリアやスペインの市場のように楽しい。食事に関しても、高級レストランからカフェテリアまでより取り見取りとなり、予算に応じて食い道楽が楽しめるようになった。人々の表情からけわしさがへった。

町が修復されただけでなく、歴史探訪が解禁になり、今までのイデオロギー的な虚構が取り払われた。こうしてペテルブルグは、外見だけでなく内面的にも生き生きとよみがえったのである。歴史の裏表を説明してくれる本が、今なら容易に手に入る。無数の史実、伝説、裏話がまた語られるようになった。

歴史を取り戻した町は、命も取り戻した。全体をおおっていた虚構のバリアが消えうせ、美しい姿だけでなく、もともとそこにまつわりついていた影や幻想も、感じられるようになってきた。放置の結果の荒廃ではなく、もともと陰影をともなった幻想の町ペテルブルグがふたたび皆のものになったのである。

息をふき返したこのすてきな町がもつあでやかな容姿、豊かな心、陰のある妖しい性格……それらをまとめて伝える本はまだ日本にはないと思われる。そこでこの本の出番となった。この本は、専門家ではない、ふつうの人のための軽い名所案内の形になっているが、読んで楽しい読み物、そして少しでも本格的な魅力を伝えるものになっていれば幸いである。


「ピーテル」


ところで、ソ連時代に「レーニンの町」レニングラードと改称されたこの町は、ソ連崩壊後ふたたび本来の名称サンクト・ペテルブルグを取り戻した。旧名復活にともなって、日本人の多くがこの町を「サンクト」と呼ぶようになった。サンクト・ペテルブルグでは長くて発音しにくいからと、後半をはしょってしまったのである。

無理もないとも言えるが、やはりこれはおかしい。「サンクト」では「聖」と言っているだけで、まだ名前になっていない。この流儀ならサンフランシスコは「サン」になってしまう。ロスアンゼルスを「ロス」と呼ぶような（ロスはスペイン語の定冠詞。英語の the と同じ）、もっと奇妙な表現も横行しているが、いずれも、口にするのは恥ずかしい。専門家や新聞までがこの呼び方を使うのは解せないことである。

私は、こんなヘンな日本式略称を使うのはいやなので、ロシア人のように「ピーテル」と呼ばせてもらうことにする。ロシア語では、この呼び方にはちょっとぞんざいでなれなれしいニュアンスがあるのだが、「サンクト」よりはよほどよい。聖なるペテルブルグも許してくれるだろう。

この本では地名や名所名の表現について、正しいロシア語名称や訳の正確さよりも、慣用や日本人にとってのわかりやすさを重視することとした。そしてある程度の統一を心がけた。専門書ではないのだから、読みやすく、わかりやすいものにしたことはお許しいただけると思う。同じ考えから、この手の本がとかく陥りがちな欠点を避けるため、人名・地名などの固有名詞は出しすぎないよう、気をつけたつもりである。それでも残るなじみの薄さを補うため、巻末に固有名詞の索引をつけた。また、引用文が旧仮名遣いの場合は、新仮名遣いに直し、今日使われていない漢字の使用は避けた。

サンクト・ペテルブルグ◆目　次

サンクト・ペテルブルグ◆地　図

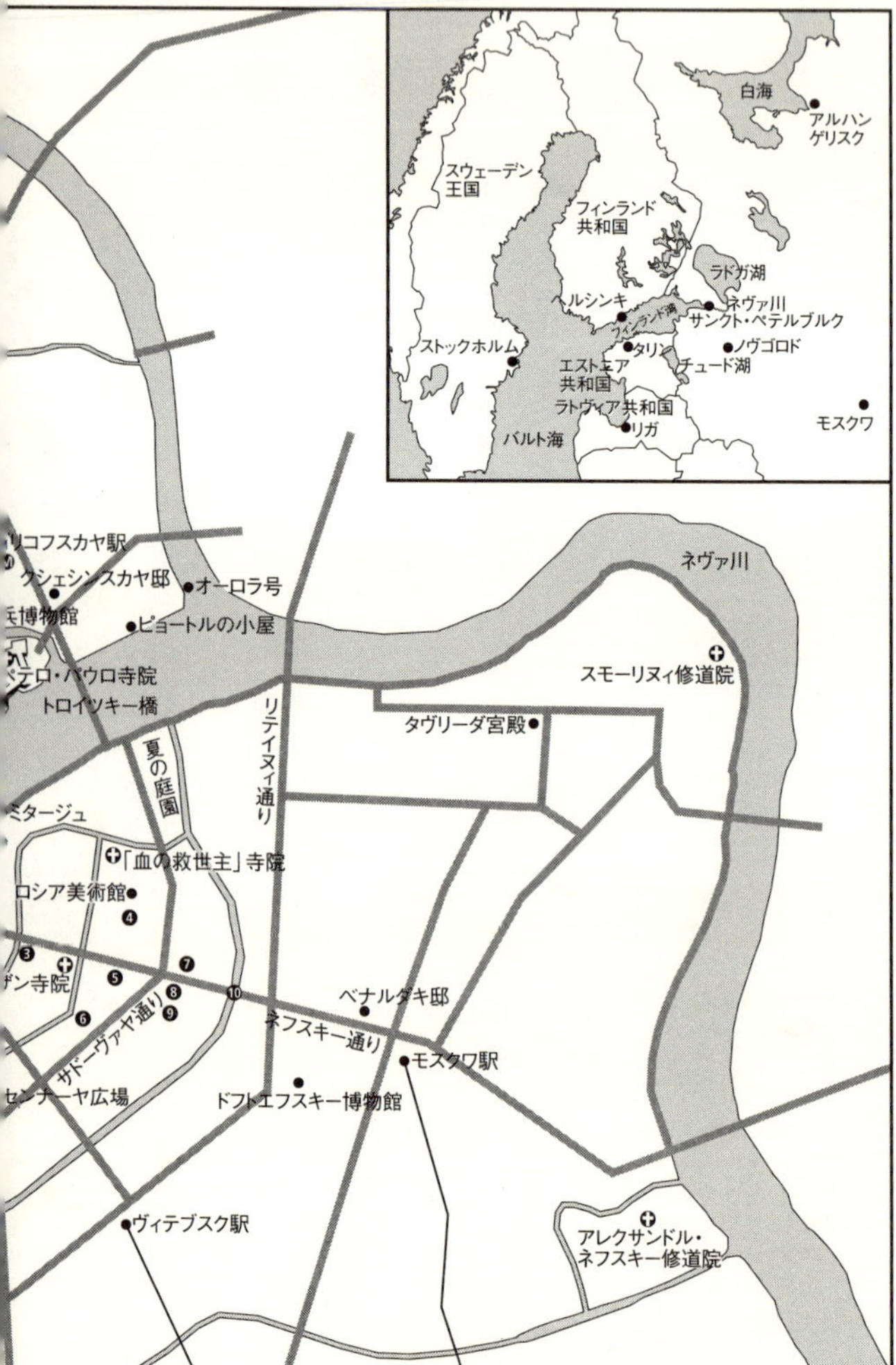

白海
アルハンゲリスク
スウェーデン王国
フィンランド共和国
ラドガ湖
ヘルシンキ
フィンランド湾
ネヴァ川
サンクト・ペテルブルク
ストックホルム
タリン
ノヴゴロド
エストニア共和国
チュード湖
ラトヴィア共和国
リガ
モスクワ
バルト海
ネヴァ川
クシェシンスカヤ邸
オーロラ号
博物館
ピョートルの小屋
ペテロ・パウロ寺院
トロイツキー橋
スモーリヌィ修道院
タヴリーダ宮殿
夏の庭園
リテイヌィ通り
ミタージュ
「血の救世主」寺院
ロシア美術館
ン寺院
ベナルダキ邸
ネフスキー通り
モスクワ駅
サドーヴァヤ通り
センナーヤ広場
ドフトエフスキー博物館
ヴィテブスク駅
アレクサンドル・ネフスキー修道院

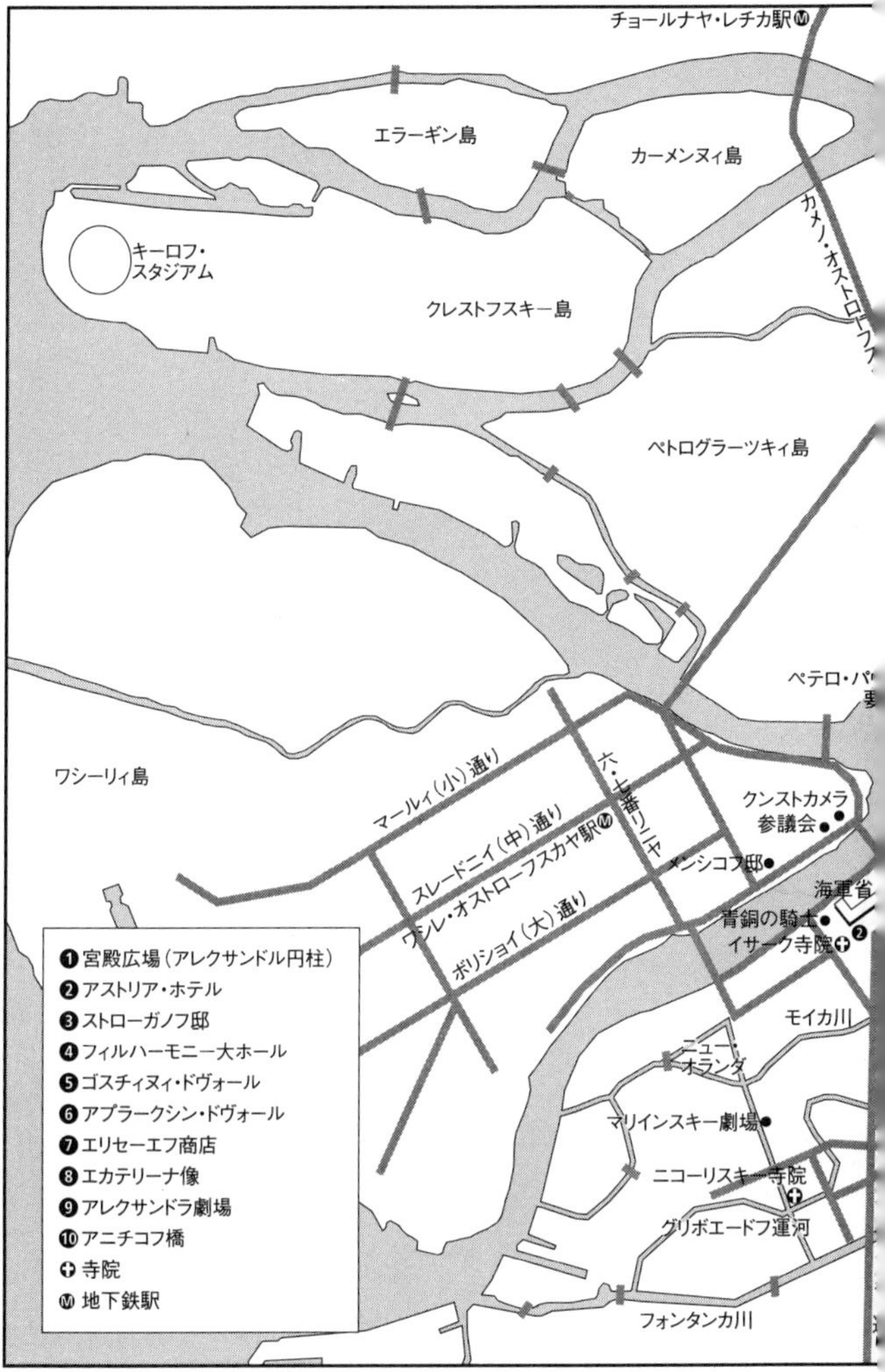
チョールナヤ・レチカ駅
エラーギン島
カーメンヌィ島
キーロフ・スタジアム
クレストフスキー島
ペトログラーツキィ島
ワシーリィ島
マールィ（小）通り
スレードニイ（中）通り
ワシレ・オストローフスカヤ駅
ボリショイ（大）通り
六・七番リニヤ
クンストカメラ
参議会
メンシコフ邸
海軍省
青銅の騎士
イサーク寺院
モイカ川
ニュー・オランダ
マリインスキー劇場
ニコーリスキー寺院
グリボエードフ運河
フォンタンカ川
❶宮殿広場（アレクサンドル円柱）
❷アストリア・ホテル
❸ストローガノフ邸
❹フィルハーモニー大ホール
❺ゴスチィヌィ・ドヴォール
❻アプラークシン・ドヴォール
❼エリセーエフ商店
❽エカテリーナ像
❾アレクサンドラ劇場
❿アニチコフ橋
寺院
地下鉄駅

口絵構成、本文写真（特記ない限り）　阿波和子
地図制作　Studio Pot

サンクト・ペテルブルグ

序章

ペテルブルグ覚え書き

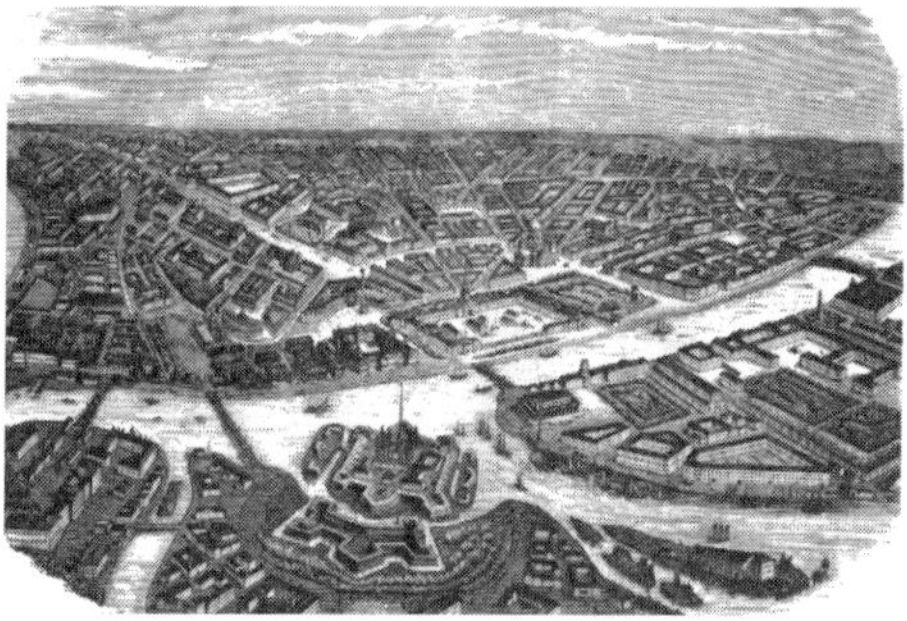

水路の町、ペテルベルグ

ピーテル誕生

ペテルブルグはモスクワに次ぐロシア第二の都市である。と言うより、このふたつは、ロシアでは他を圧して大きく重要な都市であり、ロシア文化がもつ、相反するふたつの側面（伝統的スラブ・ロシア文化と、あとから取り入れたヨーロッパ文化）を代表する両本山とも言うべき都市である。

サンクト・ペテルブルグの人口は現在四七〇万、面積は市街部が五七〇平方キロメートル（うち約一割は水面）、市役所の管轄下に入る行政区画としては一四四〇平方キロメートルである。ちなみにモスクワ市の人口は八五〇万、面積は八八〇平方キロであり、東京二三区の面積は六二一平方キロ、人口は八五〇万人である。ピーテルは人口ではロンドンやニューヨークには及ばないが、パリやローマの倍近くある。

この町の位置する北緯六〇度というと、北極圏までたったの七〇〇キロ、ヘルシンキ、オスロなどとほぼ同緯度である。人口一〇〇万以上の大都会としては世界で最北に位置する。バルト海の東部、フィンランド湾の東端にあり、そこへ陸地からネヴァ川が流れ込んでいる。その河口の三角洲群の上に、ピョートル大帝がこの町を建設したのであった。一七〇三年の起工である。

当時強国だったスウェーデンの勢力圏内の荒地に、ヨーロッパへ開く窓となる町を作ろうとしたこのときのピョートルの想いは、その一〇〇年余りあとに現われた国民詩人プーシキンのあまりにも有名な叙事詩「青銅の騎士」を通じて、国民が共有するものとなっている。

荒涼たる河の岸辺
壮大な想いに充ちて　彼は立ち
遠方《おちかた》を見つめていた。彼の前を広びろと
河は流れ　流れに沿って　ただひとつ
見るかげもない丸木の舟が走っていた。
苔むした両岸の湿地帯には
赤貧のフィン族の住む丸太の小屋が
そちこちに黒ぐろと見え
霧にかくれた太陽の
光もとおさぬ密林が　あたり一面
ざわめいていた。

彼は思った。（……）

ここにこそわれわれは都市を築こう。
われわれがヨーロッパへの窓をあけ
海辺《うみべ》にしっかと足をふまえて立つのはここだと
自然がきめてくれているのだ。
やがて　とりどりの旗を挿《かざ》した客人たちが
未知の波濤を越えてここへやってくる。
そのときは心のどかに宴《うたげ》を張ろう。

（木村彰一訳）

ロシアの古い伝統と風習を嫌った合理主義者ピョートルは、ヨーロッパの科学技術や制度を取り入れて、ロシアを近代化・西欧化しようと考えた。彼はロシアのふるさととも言うべきモスクワを引き払い、この新しい町を首都と定めた。町はピョートルの守護神である聖ペテロにちなんで、サンクト・ペテルブルグ（ドイツ語で「聖ペテロの町」）と名づけられた。モスクワは長い歴史を通じて徐々に、なるべくしてなったロシアのふるさとだが、ペテルブルグは短期間に劇的に誕生した。こちらはロシアを強国に育て上げた独裁君主の、強い意志によってわずか二〇年ほどの間に作りあげられたのである。

当初この町は、それまでのロシアの伝統とは無関係に、人工的に移植されたヨーロッパ風の町であった。それはいかにもはかなげで頼りなく、ピョートルが死んでしまったら、捨て去られるか、古いロシアに呑み込まれて変質してしまうのではないかとも思われた。しかしピョートルが残した町は、西欧化の事業とともにしっかりと根付き、その死後もめざましく発展拡大して、堂々たる北の都に変貌していったのである。「青銅の騎士」の続きを見ると、

百年経《た》った。若い都は
北方の国ぐにの精華として　驚異として
暗い森　しめった沼地のただなかから
誇りかに壮麗の姿を現じた。(……)
さんざめく河岸沿いに
宮殿・塔の壮大な建物が　整然と
すきまもなしに立ち並び　船どもは
群れなして　世界の果てから
ゆたかな埠頭へ押し寄せてくる。

(同前訳)

ペテロ・パウロ要塞建設鍬入れ式

美しさの裏に

ピーテルはロシア帝国が発展し、強化されるとともに、整備され、拡大し、豪壮化した。今日まで残る大規模な宮殿、教会、その他の建造物が続々と建てられた。近代ロシア史の多くのドラマは、この町を舞台に繰り広げられた。首都サンクト・ペテルブルグは、ロシア帝国の政治・外交・軍事・産業・学問・芸術の中心として繁栄した。そして今に残る絢爛豪壮な外見が整えられたのである。

今、ピーテルの姿は息をのむばかりに美しい。豊かなネヴァ川の青い水の向こうに、すっくと立つペテロ・パウロ（ペトロパヴロフスク）寺院の鋭い金色の尖塔。すぐ対岸ワシーリィ島先端に立つえんじ色の二本の灯台、青い塔をもつクンストカメラ（現・人類学民族学博物館）、そのならびの黄色いメンシコフ邸。そちらから中心部を振り返れば、そびえたつイサーク寺院の金色の丸屋根、海軍省の金色の尖塔……。そして歴史的建物が隙間なくびっしり立ちならんで左右に広がる川岸通りの、カメラではとらえきれない迫力。

縦横に走る川と運河が、この町に独特の風情をそえる。立ちならぶ美しい建物と橋を楽しみながら川と運河沿いを散歩するのは楽しい。ちょっと町はずれの川岸通りをドライブすれば、まるで公園の中を走っているような気がしてくる。

この通りと川に沿って、皇族、貴族、大金持ちが贅《ぜい》を凝らして宮殿、邸宅を建てた。現在はエルミタージュ博物館になっている巨大なバロック様式の冬宮（冬の王宮）を筆頭に、同じようにロシア美術館になっているクラシック様式のミハイル宮殿、大理石で作られた大理石宮殿。皇族の宮殿に負けじと壮麗さを誇るシェレメーチェフ公爵邸、ユスーポフ公爵邸、ストローガノフ伯爵邸……。

宮殿、邸宅以上に街にアクセントをつける教会の数々。巨大な金色の丸屋根をもつイサーク寺院、純ロシア様式の「血の救世主」寺院、ちょっとはずれたところにあるので、あちこちからその美しいバロックの青色を遠望できるスモーリヌィ修道院、中心街ネフスキー通りの中央にローマ風の列柱をならべるカザン寺院……。

革命前の繁栄ぶりをしのばせる百貨店ゴスティヌィ・ドヴォール、二〇世紀初頭をかざったモダン様式の大ガラス張りを誇る高級食料品店のエリセーエフ商店、同じく塔の上にガラスの地球儀をもつ旧シンガー商会（長いこと書店ドム・クニーギとして親しまれたが、現在は書店ではない）、気品のあるアストリア・ホテル……。

また、ペテルブルグの町には、印象的な銅像、彫刻があふれている。「青銅の騎士」と呼ばれる、蛇を踏みつけて前脚を上げた馬にまたがるピョートル大帝像、足もとに多数の側近・寵臣を従えたエカテリーナ二世の像、考え込むような姿勢が印象的な航海家クルゼンシテルンの像、そのそばにある、エジプトから運ばれたスフィンクスなどなど。

これだけ書きならべても、ペテルブルグの名所の、じつはまだほんの一部にふれたにすぎない。ペテルブルグは町全体が芸術作品であり、博物館のようなところなのである。

苦難と悲劇

しかしこの町の華麗な外見の裏には、苦難と悲劇に満ちた歴史が隠されている。なによりもまず、この町はおびただしい数の犠牲者を出して建設された。きびしい自然の中の過酷な労働で多くの人が死んだのである。もっとも死者の数はわからない。よく語られる一〇万単位の数字は過大で、伝説にすぎない、という説もある。

次に、この町の性格を考える上で、洪水のことを忘れるわけにはいかない。バルト海は水深が浅く、特にフィンランド湾は面積もせまい。そのどん詰まりへ南西からの強風が吹くと、海面が上昇し、海へ流れ込むはずの川の水をおさえてしまう。ネヴァ川は勾配が小さく水量が多いので、水はたちまちあふれる。

ピーテルは誕生のときから今日にいたるまで、洪水に悩まされてきた。洪水と定義される一・六メートル以上の増水をなんと三〇〇回以上経験している。平均すればほぼ毎年のことになる。沖に堤を築くなどして洪水対策をとってはいるが、一九九〇年以降の一五年間でも

ほぼ毎年のように、町を襲った洪水

二〇回以上の洪水に見舞われた。最近で最大のものは、九九年の二・六メートルであった。

史上最大の洪水は一八二四年の四・二メートルである。こうなると全市街が水に没してしまう。先に引用したプーシキンの「青銅の騎士」は、この大洪水を舞台としている。この作品の序章はペテルブルグ賛歌なのであるが、本編は巨大都市と大洪水に押しつぶされてしまう哀れな男の物語である。

大洪水の絵や写真を見ると、道路や広場がすっかり水没するので、建物が水中から直接立ち上がっているように見える。まさにヴェネツィアのような光景である。

一九二四年の史上二番目の大洪水（三・八メートル）のときには、町の海寄りの部分では人の首の高さまで、中心部でも半分以上が腰の高さまで水につかった。洪水が起こるのはだいたい秋から冬にかけてなので、外国人観光客は経験することが少ないが、これだけの規模の災害と向き合ってくれれば、町にはその影がおのずとただよう。

華やかさの裏の現実

ところで、町をうめつくす多数の宮殿がこれだけ豪壮であり、貴族の邸宅や大聖堂もこれに劣らず巨大・豪華であるのは、膨大な富が社会のほんの一部に集中していたことを意味する。ピーテルの街並みに象徴される表面の上澄みの下には、中世以来変わらぬままの農民の、たちおくれた貧しい生活があった。ロシアでは一九世紀なかばまで農奴制が存続し、自営独立の農民階級も、自由に経済活動をする市民階級もなかなか形成されなかった。

宮廷や上流階級の生活も華やかなばかりではなかった。そこでは専制君主の残酷な処罰、権力をめぐる激しい闘争と陰謀、敗者に対する過酷な刑罰が繰り返された。一八世紀以降のピーテルの歴史は、暗殺事件、最高権力者から囚人への転落、八つ裂き・串刺しの刑などの陰惨な話に事欠かない。ピーテルの宮殿や街角には、そのような憂鬱なできごとや悲劇の思い出がたくさんまつわりついているのである。

それでも時代は進み、一九世紀に入ってから遅ればせながら始まった工業化は、この町に多数の豪壮建築物や大工場だけでなく、極貧労働者の大群も生み出した。ロシア全土に鬱積する農民の不満に、新興労働者の不満が重なった。しかもロシア帝国は多数の異民族をかかえていた。一九世紀末にはあちこちで農民暴動、異民族反乱、労働者ストライキが続発した。

不満と改革要求が高まり、一八八一年にはこの都の中心で、国民の父であるはずのツァーリ（皇帝）アレクサンドル二世が爆弾によって暗殺される事件が起こった。一九世紀末から二〇世紀初頭にかけては、華やかな宮殿、邸宅、教会、商店、レストランに満ちたこの町に、不満をかかえた多数の革命家、テロリスト、労働者があふれた。

その後のピーテル

それらのうねりは重なり合って革命となり、帝国のまさにこの首都で爆発したのであった。革命後の内戦のさなか、レーニンは防衛上その他の理由から、首都をふたたびモスクワに移した。古くからの重苦しいクレムリン宮殿が共産党の圧制の中心となった。

その後もピーテルはロシア第二の都市であり続けるが、その高度な精神性と独立の気風を嫌った独裁者スターリンに粛清《しゅくせい》の標的とされ、政治的な力をそがれた。また独ソ戦（第二次世界大戦）の際には九〇〇日にわたってドイツ軍に包囲・封鎖され、一般市民の間から六〇万人以上の餓死者を出し、町は疲弊した。

戦後のソ連復興と発展の中で、この町は学問と芸術の水準を保ち、工業の一大中心地でもあり続けたが、政治的・社会的な比重の低下は避けられなかった。歴史的な大建造物は破壊されずに残ったが、修理や管理は行き届かなかった。観光客に人気の高い特定の名所は美しく維持されたが、それ以外の場所はあちこちで取り壊されたり、廃墟に近いありさまとなった。

社会主義体制が崩壊してロシアがふつうの国となり、各都市の景観も改善されていくなか、ピーテルは二〇〇三年に建都三〇〇年を迎えることになった。この町出身のプーチン大統領は、世界中から多数の賓客を集めただけでなく、記念日に合わせてここで先進国サミット会談を開く手はずを整えた。この晴れの日のために大々的な修理と化粧が施され、町は輝かしい美しさを取り戻した。

ペテルブルグは一七一三年から一九一八年まで約二〇〇年間、ロシア帝国の首都であった。当初の名称は、第一次世界大戦でドイツに宣戦布告すると同時に、同じ意味のロシア語ペトログラード（ただし「聖」はついていない）にあらためられ、さらに革命後の一九二四年にレニングラード（レーニンの町）となったが、一九九一年に最初の名称にもどされた。

ロシアの人々は、いつからかこの町を擬人化し、親愛の情をこめて「ピーテル」（ピョートルの英語つづり）と呼ぶようになった。レーニンの町になったはずのソ連時代でさえ、会話ではこの愛称がよく使われたものである。今ふたたびかつての名称を取り戻した町には、ニックネームも天下晴れてよみがえった。

ロシア文化を体現

こうしてピーテルは今、私たちの眼前にある。

これはただ美しいだけではない、不思議な町である。光と陰の両方に満ちたこの町は、幻想都市とも、矛盾都市とも、劇場都市とも、神話都市とも呼ばれる。

夏は白夜という妖しい昼がいつまでも続く町。その代わりに冬は昼間が極端に短い町。その昼間もほとんど日がささず、どんよりと陰鬱な中につめたい風とふぶきの吹きつける町。とつぜんひたひたと襲ってくる不気味な洪水。

そもそもロシアの伝統から切り離された、「我が家」ではない人工の町。ヨーロッパ風とは言っても、イタリアでもドイツでもフランスでもない、国籍不明の町。それでいて、まぎれもなくロシア文化の多くを体現している町。

人を陶然と酔わせる町。多くの住民が命を懸けても守ろうとした町。少なからぬ人から嫌われ、呪われた町。

これは矛盾に満ち満ちた町である。実在には違いないのだが、もともとが根無し草的であった性格は、いまだに多くの点で虚構を感じさせずにはいない。しかしあえて言えば、そこにこそ、この町の魅力がある。一筋縄ではいかない不思議な町、それがペテルブルグなのである。

第1章
ペテルブルグ事始め

宮殿広場から見たアーチ

1　伝説の始まり――ペテロ・パウロ要塞

ペテルブルグには名所が多いので、どれが最も代表的なものかと議論を始めようものなら、白熱して収拾がつかなくなるだろう。ただ視覚的シンボルは何かということなら、ペテロ・パウロ寺院の尖塔といえば、まず半数の同意は得られるだろうと思われる。

アイスピックのように天を刺す金色の尖塔の高さは一二二メートルで、市内の建築物の中で最も高い。その上には、十字架と天使像が取り付けられている。十字架の高さは六メートル余り、天使も三メートル余りだそうだから、ずいぶん大きなものだが、離れているのでそんな感じはしない。「あの天使の大きさはどれくらいあるのか」ときかれたら、ガイドは「実物大です」と答えることになっているそうだ。

この尖塔は、町のあちこちから見えるが、圧巻は間近のネヴァ川対岸からのぞむ、真っ赤な夕焼け空を背景に光る姿である。広々としたネヴァ川の水面を前景にしたこの姿はなんとも美しく、これを目にしないと、ピーテルに来た感じがしない。尖塔下の鐘楼《しょうろう》の部分は、イタリア系スイス人が設計したバロック様式だが、遠くから見ると、どこか東洋的な雰囲気を感じさせる。

町のシンボルである尖塔をもつこの大聖堂は、全体が要塞になっている兎島《うさぎじま》という小さな島にある。この兎島に要塞を建造することから、ピーテルの歴史は始まった。

ピーテルの位置

この土地はバルト海の東の端、フィンランド湾のどん詰まりにあって、ヨーロッパ一大きな湖ラドガから流れ出るネヴァ川の河口に位置する。一七世紀初頭、フィンランド湾北岸はフィンランド（現在は半分くらいロシア領）、南岸はバルト諸国で、いずれも当時の大国スウェーデンの支配下にあった。ピョートル大帝はネヴァ川河口に要塞と町を築くことによって、バルト海への出口を得ると同時に、スウェーデンの勢力を南北に分断しようと考えた。またこの地は、ネヴァ川とその先の水路を通じてロシア内陸部とつながっていた。文字どおり、ロシアの地をヨーロッパと結ぶ戦略的要衝だったのである。

しかもこのあたりはロシア発祥の地とも言える重要な場所である。ロシア民族とロシア国家の起源については不明な点が多く、学説もいろいろあって複雑だが、一般的には『原初年代記』の記述にしたがって、八六二年にノルマン人のリューリクが支配者として招致されてノヴゴロドを治め、その部下オレーグが南下し、キエフを占領して南北を統一、八八二年にルーシ（古代ロシア国家。ヨーロッパ史の時代区分の「古代」ではなく、ロシア史の時代区分）を建設したことになっている。『原初年代記』は勝者が残した神話だが、同時代に起こったことをほぼ反映しているだろう、と考えられている。

ここから言えることは、ロシア北部には、ノヴゴロドを中心にして、ロシア人の先祖と考えられる人々が九世紀以前からすでに居住しており、国家のような社会を作っていたということである。ネヴァ川が流れ出るラドガ湖南岸には、ノヴゴロドより古いと考えられる都市の遺跡がある（スターラヤ・ラドガ）。

北ロシアのノヴゴロド公国はその後も、南のキエフとならんで古代ロシアの代表的公国であり続けた。このネヴァ川河畔は一二四〇年に、ノヴゴロドのアレクサンドル公が、侵入してきたスウェーデン軍を破ったところでもあり（現在の市街中心から三五キロほど行ったところ）、ロシア民族の誇りの地なのである。彼はこの勝利によってネフスキー（ネヴァの形容詞）と称されるようになり、歴史に名を残すことになる。このあとアレクサンドル・ネフスキーがチュード湖でドイツ騎士団を破った戦いは、エイゼンシュテイン監督の映画に描かれている。映画『アレクサンドル・ネフスキー』の氷上戦闘場面は、息をのむような様式美で知られる。

ピーテルの成り立ち

このあたりは気候のきびしい湿地帯であった。古くからロシアとスウェーデンの勢力が接する辺境の地であり、周囲にたいしたものはなかった。しかしピョートルはとつぜんひらめきを得て、誰も知らない、森と草原しかない未開・無人の土地に町を作ったわけではない。

前に述べたように、ここは戦略的要衝であるだけでなく、民族的英雄の記念すべき勝利の地であった。ピョートルはノヴゴロドから移送したアレクサンドルの遺骸をうやうやしく出迎え、市内にアレクサンドル・ネフスキー修道院を建設した。またネヴァ川のちょうど中ほどにある古戦場に立っていた教会堂を建て直させた。

彼は自分を英雄ネフスキー公と重ね合わせるだけでなく、新しくできる町もその栄光の伝統を受け継ぐものにしようとしたのである。ピョートルは合理主義者だったが、伝説も巧みに利用したのであった。

三〇〇年の歴史しかないピーテルは、古い町とは言えない。しかしこの町のありとあらゆる名所旧跡には、伝説的逸話がまつわりついている。ここの人々はほんとうに伝説が好きなのである。およそ有名な逸話のほとんどは事実というより、伝説だと思って間違いないだろう。中にはそれとは異なる事実がはっきりしているものもあるが、人々は好んで伝説のほうを口にするのである。

「伝説と神話のペテルブルグ」といった類の本がたくさんある。この町から伝説的逸話を取り去ってしまったら、観光の楽しみは半減すると言っても過言ではない。伝説は古いとは限らない。革命時代、ソビエト時代のものもたくさんある。伝説は好き者市民によって、現在も日々生産されているのである。できたてほやほやの伝説は、この町出身のプーチン大統領がらみのものだろう。「ここが、プーチンが好きで通った寿司屋だ」などなど。

逸話には事実だと思われているものと、誰もがウソと知っていながら、おもしろがって語られるものとがある。もちろん、その中間のグレイゾーンのものは多い。私が聞いたうち、荒唐無稽でおもしろかったのは、最後の皇帝ニコライ二世の結婚前の恋人だった、マリインスキー劇場のプリマ・バレリーナ、マチルダ・クシェシンスカヤの屋敷（イスラム寺院のあるあたり）と冬宮（現在のエルミタージュ）の間に、ネヴァ川の下をくぐって秘密のトンネルが通じていた、というものである。直線にしても大部分が川の下何十メートルの深さを通る、約二キロのトンネルとなるはずだ。それでも「あったかもしれないな」と思わせる不思議な魔力が、ピーテルにはある。現在は、ほぼその線に合致して地下鉄が通っている。

ピョートル大帝が「ここに町を作る」と言ったとたんに鷲が羽音とともに低空を舞ったというのは、誰もが作り話だと知っている伝説である。この地域には鷲なんて、いやしないのだ。しかし、何もない無人・未開の地に町を作ることにした、というのは事実に反しているのに、多くの人に信じられている。

この伝説がここまで確固たるものになったについては、国民詩人プーシキンに相当な責任があるのではないか。あの名作「青銅の騎士」の冒頭部分が作り出す荒涼たる湿地帯のイメージは強烈で、あれを信じなければ、ロシヤ人とは話ができない。

「霧にかくれた太陽の光もとおさぬ密林があたり一面ざわめいていた」

じつは現在ピーテルがあるあたり一帯には、ロシア人やフィン人の村落がいくつもあり、ロシアとスウェーデンの争奪戦の対象となっていた。一七世紀初めにここを手に入れたスウェーデンは、現在のスモーリヌィ修道院裏の対岸に、ニエンシャンツという要塞都市を築いた。一七世紀なかば（ピョートル登場の少し前）には、教会など石造りの建造物を含む五〇〇戸以上の家や倉庫、店などをもった、人口二〇〇〇人から三〇〇〇人の町だったというから、当時としては、相当な規模である。

現在のピーテル中心部にあたる場所にも、レンガ、ロープ、石灰、樹脂（ロシア語で「スモラー」。「スモーリヌィ」という地名はここから発している）などを製造する工房や村落（フィン人のものもふくめて）がいくつかあり、それらの地名の中には今日まで伝わっているものもある。

スウェーデンからこの一帯を取り戻し、海への出口を得ようとしたピョートルは、まずニエンシャンツの要塞を攻略しなければならなかった。そのうえで、彼はそこを補強するのではなく、もっと海に近い兎島にあらたに要塞を築くことにしたのであった。

町を作ろうとするなら、何よりもまず、敵の攻撃からその土地を守れるようにしておかなければならない。一七〇三年五月一六日（現在の暦では二七日）、要塞が起工された。この日がサンクト・ペテルブルグ誕生の日とされる。

要塞から監獄へ

要塞はキリストの第一の弟子ペテロと、最大の伝道者パウロの名をとって、ペテロ・パウロと名づけられた。当初の土の城壁が石造りになるなど、要塞はときとともに改造、強化され、拡大していったが、しばらくすると軍事的意味を失い、一八世紀末からは政治犯の監獄として使われるようになった。

現在、兎島はほぼ全域が、石とレンガ造りの城壁と堡塁《ほうるい》で囲まれた要塞跡地として、複合博物館のようになっており、ざっと見て歩くだけでも半日はかかる。内部には大聖堂をはじめとして、ペテルブルグ市歴史博物館、要塞跡、博物館のようになっている旧監獄、いくつかの門、現代の鬼才シェミャーキンが作った気味の悪いピョートル大帝の銅像など、見どころが多い。現在も稼動している造幣局もあるが、ここはもちろん見学できない。

堡塁の上から、対岸の遠景を楽しむこともできる。それらを一日かけてじっくり見学することにして、島内のレストランで昼食をとるのも悪くない。アウステリアという、ちょっと高めだが、おいしくてしゃれたロシア料理レストランが城門の外にあるのだ。

監獄には多数の有名な政治犯が幽閉された。ラジーシチェフ、チェルヌィシェフスキー、ドストエフスキーなどの作家、デカブリスト（後述一四三ページ）、ナロードニキ（一九世紀後半に現われた革命運動家たち）などの初期社会活動家、その後は多くの革命家が投獄された。二月革命後、彼らは帝政時代の大臣・高官に嬉々としてその席をゆずった。一九世紀末には、一部に未決囚の独房が作られ、今は見学者に公開されている。

監獄の囚人第一号は、ピョートル大帝の皇太子アレクセイだった。父親の命令に背いて出国し、祖国裏切りの罪に問われたアレクセイは、ここの一室で父親の命令による非人間的な拷問を受けて死んだのであった。

島には小さな船着場があり、ネフスキー門と呼ばれる門を通ってこの船着場へ出る。船着場へ出るトンネルのような通路には、過去の大洪水時の水位を記した銘板がはられている。ここで川の水面を視界に入れながら水位を示す線を見ると、これは大災害だな、という実感がわいてくる。

洪水のときに、牢に閉じ込められたまま溺死した、とされる囚人もいる。そのひとりが公爵令嬢タラカーノヴァである。エカテリーナ二世の時代、自分は先々代の女帝エリザヴェータと寵臣《ちょうしん》の間に生まれたのであり、正統な帝位継承者であると主張する美しい若い女性が、パリに現われた（後述するが、エカテリーナ二世の帝位継承の正統性については問題があった）。危険を感じた女帝は、側近に彼女を拉致させる。側近は彼女に接近して恋人になりすまし、だまして連れ帰った。

タラカーノヴァはこの監獄に幽閉され、失意のうちに結核で死んだと伝えられる。その二年後に洪水が起こった。そこで、彼女は牢内で溺死したのだ、という伝説が生まれた。この話は画家フラヴィツキーの絵によってすっかり有名になった。モスクワのトレチャコフ美術館で、ベッドの高さまで迫る水を逃れてベッドの上に立った女性の、絶望的な表情と姿を描いた大作をごらんになった方もあるだろう。これが公爵令嬢タラカーノヴァである。

ペテロ・パウロ要塞を彩る名物のひとつは、正午の号砲である。時計の少なかった昔、この「お昼のドン」は大切な合図だった。革命後廃止されたが、一九五七年に復活した。私たちは今、この時代ばなれした号砲を聞くことができる。そして歴史と伝説の町ピーテルにいることを実感するのである。

歴代皇帝の廟となった大聖堂

じつはピョートル大帝時代から残る建物はこの町にそれほど多くない。木造だったので、のちに取り壊されたものが多いし、石造り、レンガ造りでも規模が小さかったため、取り壊されるか、もとの姿をとどめないほど増築されて、新しい建物の一部になってしまったのである。なによりも、帝国の発展にともなって新しい豪壮な建物があとから続々と誕生した。

ペテロ・パウロ寺院が完成したのはピョートルの死後であったが、着工はずっと以前なので（完成に二一年かかった）、大帝時代の建物と言うことができる。尖塔は、この聖堂本体の一部をなす鐘楼の上部である。大伽藍の多いピーテルにあって、この聖堂は特に大きいとは言えないが、地味な外装を見てから中に入ると、豪華な内装に、はっとさせられる。

内部は式典用のホールとしても使えるように、ロシア正教の聖堂にはめずらしく、広くて明るい空間になっている。豪華なシャンデリアや、華麗な壁画、天井画に彩られているが、特にりっぱなのが、木製金箔のイコノスタシス（聖障。主祭壇の前におかれる、イコンをいくつも取り付ける衝立《ついたて》のようなもの）で、複雑な彫刻におおわれている。

そしてここは、歴代皇帝の廟所《びょうしょ》でもある。もともとロシアのツァーリ（皇帝）は、モスクワ・クレムリンのアルハンゲル（大天使）聖堂に葬られたが、ピョートル大帝以降はここが廟所となった。大きな石棺が床の上にずらりとならび、金属の十字架をはりつけたふたがかぶせられている。

ピョートル以降一四人の皇帝のうち、ピョートル二世、イワン六世以外全員の墓がある。

ピョートル二世は、二年半在位した大帝の孫、イワン六世は、大帝の少年時代、同時にツァーの位にあった異母兄イワンの曾孫で、一年ちょっと在位して二歳のときに追放されたあわれな赤ん坊である。二〇年以上幽閉されたのち、幽閉先のシュリッセルブルグで殺害された。ナポレオンと戦ったアレクサンドル一世以前、パーヴェルまでの九人の皇帝のうち、その任をまっとうしたのはともに大帝と呼ばれたピョートル一世とエカテリーナ二世をのぞけば、せいぜいピョートルの娘だったエリザヴェータ女帝くらいである。たとえば、それ以外の皇帝の在位期間は、一〇年だった残酷なアンナ女帝以外は二年半がふたり、残りは時代順に、一年、半年、五年なのだ。しかもあとの三人は自然死ではない。

ところで、伝説的噂話によれば、たくさんならぶ皇帝の棺のうち、アレクサンドル一世の棺の中は空だそうである。ソビエト時代の調査でそれが確認された、という説もある。直接ではないにしろ、自分も関与した父パーヴェル帝殺害の罪の意識にさいなまれたアレクサンドルが、死後にならんで葬られるのを嫌い、側近に別の場所に埋葬するよう依頼し、側近はそのとおりにした、というのである。

別の説によると、罪の意識に悩んだ皇帝は、死んだことにして姿を隠してしまい、外国逃避のあと帰国して、シベリアで修道僧として生を終えたという。いずれにせよ、営まれた葬儀は偽りだった、というのである。歴史学者はこれらの伝説を否定するのだが、信じたくなるような傍証《ぼうしょう》もたくさんあり、いかにもありそうな気がしてくる話である。

一九九八年七月、最後の皇帝ニコライ二世とその家族、一緒に処刑された側近の葬儀が大聖堂でおこなわれ、他の棺からは少しはなれた一角に葬られた。政府の調査団が、一九九一年にエカテリンブルグ郊外で発見された遺骨を皇帝一家のものと認定した結果である。全世界からロマノフ家末裔《まつえい》の人々が集まり、時の大統領エリツィンも参列して、大々的な葬儀が営まれた。ただし皇太子アレクセイの遺骨は確認できなかったとして、その墓はない（墓とは違う形の碑になっている）。

しかしロシア正教会は調査の信憑性に異議をとなえ、アリクシー二世総主教（ロシア正教会の聖職者最高位）は葬儀に参列しなかった。もっともロシア正教の聖人に列せられたニコライ二世の葬儀を教会で営むことに反対したわけではないらしい。

正教会本部がこんな態度をとり、しかもその反対の方針が徹底しなかったことについては、複雑な事情がある。どうも、またまたたくさんの伝説が生まれそうな気配である。

多数の犠牲者を出した建設

新しい町を建設しようとした場所に何もなかったわけではない、と書いた。しかし当時森と湿原の中にあったのは、ニエンシャンツをのぞけば小さな村落にすぎず、開けた土地だったわけではない。そんなところに大都市を作るのが、無から有を生じさせるにひとしい、困難な大事業だったのはたしかである。ピョートルはこれを強い意志と、反対・抵抗を許さない残酷な強制によって成し遂げた。彼の戦略を実現するためには、そうしなければならないほどこの土地には価値があった。

建設労働者としてスウェーデン兵の捕虜や正規ロシア軍兵士も使われたが、数が多かったのは、強制割り当てで全国から集められた一般農民（農奴）であった。彼らは自分の食料を自分でもって、この帝国の端まで歩いて来なければならなかった。途中で逃亡する者が多かったので、軍隊が見張りをしたり、足かせをはめたりした。

きびしい労働、飢餓、病気、気候や生活の悪条件のために、人々は次々に倒れた。パンはほとんどなく、人々はキャベツやかぶで飢えをしのいだ（この時代にはまだじゃがいもはなかった）。家も与えられなかったので、大部分の労働者が屋根をつけた竪穴で暮らした。赤痢と壊血病が蔓延した。逃亡者が相次いだ。政府は残酷な罰を科して逃亡を防ごうとしたが、死を逃れようとする人々を止めるのは不可能であった。

町の建設のために何人の犠牲者が出たかはわからないが、二〇万人程度という推定数字もある。ただ、これは当時のモスクワの人口と同じなので、過大ではないか、という説もある。建設が進むにつれて、労働条件はよくなり、死者の数はへった。一七一二年に強制割り当てはなくなったが、労働力は確保できた。ほとんどが賦役に出された農奴であったが、逃亡農民もいた。彼らは「食える」場所に集まってきたのである。

都市建設には単純労働者ばかりでなく、鍛冶屋、レンガ職人、石工、陶工、大工、指物師などの職人や手工業者も必要だった。彼らには給料が支払われたが、誰も行きたがらなかった。仕方がないので、新兵が特訓を受けて送りこまれることもあった。

貴族や商人も、何もない新都への移住を嫌った。ふたたびピョートルの強制が始まった。一定以上の金持ちはここに石の住居を建てることを強制され、新都建設中、国内の他の土地では一切の石造建築が禁止された。こうして、ピョートル在位の約二〇年の間に、ペテルブルグは名実共に首都にふさわしい町に急成長したのである。

要塞内にはペテルブルグ市歴史博物館がある。ちょっと変わった博物館で、約半分は建設期の正統的な歴史を示す展示に当てられているが、あと半分は一九世紀の生活展覧とでも言うべきもので、住宅、水道、交通、郵便、食料など、ほかにはあまりない生活面が、くふうを凝らした展示方法で紹介されているのでおもしろい。

ピョートルの小屋と夏の庭園

要塞建設が始まってすぐ、ピョートルは対岸に自分の住む丸太小屋を建てさせた。彼はこの小屋に、オランダの石造家屋に見えるような色を塗ったという。最初の五年間、ピョートルは夏をここですごした。この貴重な記念物を保護するため、一七三一年に早くも、周囲をおおう建造物が作られ、のちにその「さや堂」は石造りになった。一九世紀に入ると周囲は鉄の柵で囲まれ、胸像がそなえられて博物館のようになった。

この小屋は、ペテロ・パウロ要塞を出て、繋留《けいりゅう》されて名所になっている革命の巡洋艦オーロラ号へ向かう途中にあるから、誰でも簡単に見られる。これは絢爛豪華なピーテルのほかの名所とはかなり趣が異なって、素朴なにおいのする名所である。ガラスではなく雲母《うんも》を張った窓や、当時の家具、ピョートルみずから製作に参加したボートなどが陳列されていて興味深い。

ペテロ・パウロ要塞起工からたった一年しかたっていないときに、ピョートルは今も残る「夏の庭園」の建設を命じた。現在これは四方を川と運河で囲まれた、一二万平方メートル（約三万六〇〇〇坪）の、散歩道のついた林とも言える緑地帯である。中にはたくさんのギリシャ・ローマ風の彫刻が立っている。

町なかにある公園としてはずいぶん大きいが、なにしろピーテルはすべてがとてつもなく大きいから、外側から見るだけではそれほど広いという感じがしてこない、そう思う人がいるなら、中を歩いてみることだ。とてもではないが、中にある名所を全部一度に確かめようという気にはなれない。つい、「また出直そうか」ということになってしまう。

ピョートルはここにたくさんのめずらしい木を移植し、たびたび園遊会を催した。園遊会があるときには、要塞に皇帝旗が掲げられたので、それを見て高官、大商人、軍人、外国人などが集まるのだった。過去の戦勝記念日は、ここでにぎやかに祝われた。

ここにピョートルの夏の宮殿がある（郊外のペテルゴフにある有名な夏の離宮とはべつ）。のちの冬宮（エルミタージュ）、エカテリーナ宮殿、ペテルゴフなどを見てしまうと、小さくて地味で、とても宮殿と呼べるようなものではないが、ピョートルの質実剛健ぶりがうかがわれる、それなりに興味深いものである。おもしろいことに、ウィーンの王宮同様に当時の台所や大帝の便所まで見られる。

一七一二年に完成して以来、ピョートルはここか、冬宮（当時のものは現在、エルミタージュ劇場と呼ばれる建物に呑み込まれて、その一部となっている）に住んだ。彼は市内に大きな宮殿を建てなかった。外国人を呼ぶ必要があるときなどは、側近メンシコフ公爵の邸宅を使用した。そちらのほうがはるかに豪壮、ぜいたくな「宮殿」だったからである。

2　雪解けを集めてはやしネヴァの川——水の都ペテルブルグ

水の都

水の都ペテルブルグはよく「北のヴェネツィア」だと言われる。しかしこの比喩は人を納得させるものではない、と思う。水の都としてのヴェネツィアの存在感があまりにも圧倒的なので、水の多い町はすぐに北のヴェネツィアだの、東のヴェネツィアだのと呼ばれるが、あまりにも安直なたとえではなかろうか。ふたつの町を比べてご覧なさい。共通点は水が多いことだけで、まったくイメージの違う町なのだから。

ヴェネツィアは他に比類のない町である。あそこでは運河が道路そのものの役をはたし（迷路のような陸上の道路もあるが、自動車は走れない）、多くの建物は水の中から直接立ち上がっているのだ。じつに魅力的で美しく、興味深い町だが、あまり広くないところに建物が密集しているので、ぎっしり詰まっているという感じがする。

ペテルブルグと同じように、北のヴェネツィアと呼ばれることのあるアムステルダムは、多数の運河に仕切られてはいるが、ふつうの町である。町にはふつうの道路もふつうの数だけあり、市電と自動車が走っている。ただ、たくさんの運河があり、その運河沿いに特徴のある破風のついた建物が隙間なくならんでいるので、独特の景観が生まれる。これまたピーテルとはまったく似ていない。

ペテルブルグの特徴は、その規模と広さであろう。ヴェネツィアの人口は約二八万、アムステルダムでさえ七三万なのに、こちらは四七〇万の大都会である。水面も広い。ネヴァ川本流の幅は町なかでも三〇〇メートル以上ある。いくつかの支流も一五〇メートルくらいあり、中心部を取り巻くフォンタンカ川でさえ五〇メートルある。最中心部の運河も、場所にもよるが二〇メートルくらいあるのだ。道路の幅も広い。

だから壮大な宮殿や教会をふくむパノラマもゆったりとした感じになる。すぐ近くにあるように見える建物まで行き着くのに、何分もかかるのである。

優劣の問題ではなく、これはヴェネツィアともアムステルダムとも違う景観である。多数の名建築をもった、大きく、ゆったりと広がる町があちこちで水面にふちどられ、その中心部を、海に出る直前の大河が悠然と区切る。これがペテルブルグの全体的映像である。

この町を歩いていると、当然ながらよく川（運河）にぶつかる。しかしたくさんの川が町の中を流れているだけのことであって、別の島へ渡る、という感じがするわけではない。たとえば、エルミタージュからモスクワ駅へ向かってネフスキー通りを歩いて三回ばかり橋を渡ると、四つの島に足を踏み入れることになる、と言われても、ぜんぜん納得できない。

ペテルブルグは、海に注ぐネヴァ川が河口に作り出した砂洲群の上に建てられた。現在は四二の島からなっているというが、これもどうもピンとこない。三〇〇年前には島の数はずっと多く、一四七だったと言われても、なぜそんな妙なことになるのかよくわからない。「いくつもの島」なんて言われると、大河を知らない私たちはつい、瀬戸内海や松島のようなものを頭に思い描いてしまうからだろう。島といっても、ここは三角洲だから、平らな地面がおたがいに密着しているだけで、岩が水面ににょきにょき顔を出した松島とはまったく違うのである。

間に水路が通っていても、いくつか合わせてひとつの島、と呼んだほうが適当なものがある。ふたつの島をへだてる細い水路を埋め立てればひとつになるし、ひとつの砂洲でも、その中に運河を通せば、ふたつの島になってしまう。周囲を水路で囲まれていたら、そこはひとつの島と勘定するのだ。だから時代によって数が変わるのである。

しかしながら地図や衛星写真を見ると、ここはたしかにたくさんの島からなる町である。そしてよく観察を続けると、ピーテルが水の都であることにだんだんと合点がいくようになる。その水とは、もちろんネヴァ川とその支流や運河のことである（いちばん外側まで行けば海になるが）。ネヴァ川によって長年の間に作られた砂洲の上にピーテルがあり、生みの親であるネヴァの水に、いたるところでひたひたと洗われているという実感が、時間とともにわいてくる。川の両岸にできるふつうの町ではこうはいかない。やはりピーテルは、たくさんの島であり、水の都なのである。

ヴェネツィアもアムステルダムもペテルブルグも水の都である。ただそれぞれ、趣が異なっているのである。

ネヴァ川の様子

ネヴァ川とその水源

ネヴァ川は、ピーテルの北東方向にあるラドガ湖というヨーロッパ最大の湖から、バルト海に注いでいる。全長わずか七〇キロ余りだが、水源が無尽蔵に近い湖だから水量が豊富である。町なかでの川幅は三四〇〜六五〇メートルで、深さは一四〜二三メートルもある。

ネヴァ川はヨーロッパへつながるバルト海をラドガ湖と、そしてその先のロシア内陸部の水路網と結ぶ、重要な川である。ロシアのように大きな国では、川は重要な交通・輸送路なのだ。昔はどこでも、川か海の近くでなければ、大きな町はできなかった。今でも水路は重要な役割を担い続けている輸送路である。ネヴァ川を航行すると、バルト海、ヴォルガ水系、ドン水系などの標識をつけた貨物船や、国の内外からクルーズしてくる、甲板の上だけでも数層のキャビンをもつ大型の遊覧船に多数出会う。

強敵スウェーデンの鼻先に、海に出る町を作ろうというのだから、水路で内陸部としっかりつながっている場所を選ぶ必要があった。ここは湿地帯で町づくりの条件が悪いので、建設に苦労したのはたしかだが、ピョートルの場所選定には確たる根拠があった、というより、ここ以外にはピョートルの戦略にかなう場所はなかった。

ラドガ湖上の、ちょうどネヴァ川が流れ出すところに、小さな島がある。ここに一四世紀の初め、アレクサンドル・ネフスキーの孫にあたるノヴゴロド公の命令で、要塞が作られた。ノヴゴロドの町なかを流れるヴォルホフ川は、北上してラドガ湖に注ぐので、交易国家ノヴゴロドの商船がヴォルホフ―ラドガ―ネヴァを通ってバルト海へ出る通路を、中間地点のここで守ろうとしたわけである。

一七世紀初め、この要塞はスウェーデンに占領され、このあたりはスウェーデンの勢力下に入った。バルト海への出口を求めてスウェーデンと北方戦争を開始したピョートルは、一七〇二年に奪い返したこの土地を、シュリッセルブルグ（ドイツ語で「鍵の町」）と改名した。この地の意味を意識した命名だ。鍵となる後背地の要塞を確保してから、現在のピーテルのはずれに位置した敵の橋頭堡《きょうとうほ》ニエンシャンツを攻めたのである。ヨーロッパをめざしたピョートルのみごとな戦略が感じられる。

　この古い要塞は、二〇世紀の独ソ戦でふたたび鍵となった。シュリッセルブルグの町はドイツ軍に占領されたが、島の要塞は、レニングラード包囲戦のときに、唯一残された補給線をうかがう場所にあったので、激戦が繰り広げられた。ドイツ軍はここを攻略してレニングラード封鎖の輪を閉じようとしたが、要塞は五〇〇日にわたってもちこたえ、ついには反撃の拠点になった。この要塞はノヴゴロド時代やピョートル時代ばかりでなく、なんと二〇世紀になっても、祖国防衛の重責を担ったのであった。

　当然ひどく破損したが、それでもまだ中世風の姿をとどめているし、かなり修復された。島のほぼ全域が、いくつかの塔をもつ城壁に取り囲まれ、その中に独ソ戦のときの大砲や、博物館となっている施設がある。陸地側から見学者を運ぶ小さな船も出ているし、大型の観光クルーズ船も立ち寄る。

　それ以外の時代には、この要塞は政治犯の監獄であった。幽閉された人の名前を見ると、ここがロシア史の暗黒部分を受けもっていたことがわかる。まずはピョートル大帝の最初の妻エヴドキヤ（追放されて修道女になっていたのに、浮気をしたため）、二歳で追放された皇帝イワン六世、デカブリストたち、無政府主義者バクーニン、革命家たち、皇帝暗殺をはかって、のちにここで処刑されたレーニンの兄アレクサンドル・ウリヤーノフ……。

ところで不思議なことに、湖の岸に沿って、運河とおぼしき設備がある。なぜ湖があるのに運河を掘るのだろう。じつはラドガ湖は秋になると波が荒れ、当時の船では航行困難になることがあった。そこで湖の岸沿いにずっとヴォルホフ川まで、運河を築いたのである。これもピョートルの事業であった。

オストロヴァー（島）地区

ピーテルの住民だって、じつは私たちと同じ感覚をもっている。町の中を川や運河が横切っているのであって、自分が島から島へ渡り歩いているわけではない、という感覚である。ただしもちろん例外はある。あとでふれるワシーリィ島は正真正銘の島である。これはいかにも島らしい。

それと、中心部の北のほうに位置するカーメンヌィ、エラーギン、クレストフスキーの三島。この三島はひっくるめてオストロヴァー（島）地区と呼ばれる、公園または保養地域である（クレストフスキーは住宅地でもある）。三つ合わせてひとつの島だと言えないこともない。

ペテロ・パウロ要塞の間近でネヴァ川にかかるトロイツキー橋を渡り、そのまま大通りを北のほうへ進むと、またかなり大きな橋（ネヴァ川の支流にかかる）がある。それを越えたところがカーメンヌィ島で、エラーギンとクレストフスキーはその西側（海側）にくっついている。

クレストフスキー島の西端には巨大なキーロフ・スタジアムがある。何万という観衆を集めるのには交通の便が悪い。地下鉄の駅まで、広々とした公園を二キロ以上歩かなければならないのだ。いかにもロシア（ソ連）式である。この公園に接してヨットクラブやテニスクラブなどのスポーツ施設があり、市民の憩いの場となっている。

私たちにとっておもしろいのは、その手前のカーメンヌィ島である。川に囲まれ、緑におおわれて気持ちのよい、しかも都心から至近の別荘地、保養地なのである。渋滞がなければ、都心から車で一五分か二〇分でついてしまう。

ここにはかつて多くの貴族、高官、金持ちが別宅や別荘を建てた。特に一九世紀末から二〇世紀初めにかけて、さまざまな建築家がスポンサーのため、または自分自身のために、凝った形の館を競うように作った。デコレーションケーキのようなもの、ロシア民話に出てくる鶏の足をもったバーバ・ヤガーの家とあだ名されるもの、円柱の並ぶクラシック様式のものなどが、木立の中に点々とならぶ。神戸の異人館にちょっと似たところがある。

そのうちのひとつは、今はデンマークの領事館となっている。これらの館は、本来は名だたる貴族、富豪のものだったが、革命後は共産党高官が使った。彼らはぜいたくを人の目からかくすために高い塀をめぐらしたので、中が見えにくいものが多いのは残念である。現在の所有関係がどうなっているのかは、わからない。ちゃんと整備されて、人が住んでいる気配があるものも多い。

自動車で走り回り、気に入ったあたりでおりて散歩すると、すこぶる楽しい。とても都心間近にあるとは思えない雰囲気である。強いて言えば、旧軽井沢の感じであろうか。ここは高地ではないが、川の中に浮かぶ島だから、そのようにすがすがしい空気になるのだろう。

エラーギン島には自動車の乗り入れが禁止されている。ここには一九世紀前半に当時の主人であったマリヤ・フョードロヴナ皇太后（アレクサンドル一世の母）のために建てられた美しい離宮アンサンブル（宮殿、付属設備、庭園）がある。現在は一八世紀、一九世紀のインテリアや調度品の博物館になっている。そのほかにいくつか展示場があり、それに付属したレストランがある。入口にはってある説明を見ると、結婚式披露宴などがあれば、貸し切りになるらしい。

あとはスポーツ施設があるくらいで、名所と言えるものはないが、島全体が林と草原になっていて気持ちがよい。ここは、夏にはコンサートなどのさまざまな催し物がおこなわれる公園である。対岸は川岸通りになっている。ここを車で走ると、緑濃いエラーギン島とカーメンヌィ島がずっと続いて見えるので、郊外へ出たような印象になる。いくつもの川の流れが、保養地のような景観を町に与えていることが、よくわかる。

都心のトロイツキー橋から続く大通りは、カーメンヌィ島の端をかすめる程度で、またすぐに川を渡ることになる。渡った先がチョールナヤ・レチカである。古くはプーシキンが決闘で倒された場所として有名なところだ。今では郊外各地へ行くバスや小型バス（路線タクシーと呼ばれる）の発着所をもつ地下鉄駅となっている。

決闘の場所は、地下鉄駅から徒歩一〇分くらい。森の中の小さな草地だったはずの場所は、今では公園のようになっていて、ソ連時代に作られたオベリスクが建っている。今、このあたりはふつうの住宅地で、大きなアパートが道路に沿ってならんでいる殺風景なところだが、一八世紀末以降は、別荘地としてピーテルの住人の間で人気の高い土地であった。

多くの作家や芸術家がここに別荘を借りた。一八三五年にはプーシキンも妻ナターリヤとここに住み、ナターリヤはここでダンテス（プーシキンを殺した決闘相手）と運命的な出会いをするのである。

競い合う橋

ネヴァ本流はピーテルの近くでは南東方向から流れてきて、町にかかってから九〇度以上

スモーリヌィ修道院

西向きに曲がる。曲がる直前、左側（内側）にあるのが、スモーリヌィ修道院大聖堂である。大聖堂自体は遠くからでも目立つ、背の高い、青い色のバロック建築だが、その近くにあるスモーリヌィ女学院のあまり目立たない建物のほうが有名かもしれない。革命直後に、レーニンが陣取ったところだからである。

この後ネヴァは、自分が作った砂洲にぶつかって、一本、また一本と右側に支流を作りながら、海に出る。そのあたりの本流の南側がピーテルの中心部である。当然、大きな橋がいくつもある。ふつうの観光客が目にする、ネヴァ本流にかかる橋は六つある。海に近いほうからシュミット（海軍）大尉橋、エルミタージュ前の宮殿橋、ペテロ・パウロ要塞近くのトロイツキー橋。さらに流れをさかのぼって、トロイツキー橋の次がリテイヌィ橋、その次の曲がり角の先、つまりスモーリヌィ修道院の裏手の大オフチンスキー（またはピョートル大帝）橋、さらに南にあるのがアレクサンドル・ネフスキー修道院そばの同名の橋である。トロイツキー橋の長さは約五〇〇メートル、アレクサンドル・ネフスキー橋は九〇〇メートルもある。その他は三〇〇〜四〇〇メートルくらいである。

いずれも市電の線路が走る、がんじょうで重そうな橋だが、夜中になると船を通すために、中央部が揚がる。ネヴァ川は現役の重要な輸送路なのだ。白夜の空を背景に、ハの字になった宮殿橋の写真は絵葉書になったりして有名だが、揚がるのはあそこだけではないのである。しかもハの字ではなくほぼ垂直になるまでぐいぐいと揚がってゆく。隅田川の勝鬨橋《かちどきばし》など遠く及ばない迫力で、ちょっとした見ものである。夏には深夜にこれを見て回るバスツアーもあるから、好奇心の強い人にはおすすめできる。

愛される橋

観光客がふつうに歩き回る都心部を流れているのは、ネヴァ本流をのぞけば、支流とも言えないような、小さな川と運河である。といっても、フォンタンカ川などは、隅田川級のかなり大きな川であるが。これらの川や運河には大小合計三四二の橋がかかっていて、名所になっているものも少なからずある。

川は交通、輸送にとって便利ではあるが、陸上に暮らす人間にとっては障害物でもある。幅の広いネヴァ本流に、ピョートル時代には橋がなかった。そののちも、しばらくは船をつなぎ合わせた浮橋であった。冬は氷の上を往来した。だからネヴァ本流にかかる大きな橋はもちろんのこと、それ以外の橋の開通も、市民にとっては生活を変える重大なできごとだった。

水の都ピーテルの人々が橋に寄せる関心は深い。そんな市民から特に愛されているのは、アニチコフ橋（後述六五ページ）だろう。フォンタンカにかかる橋では、ロモノーソフ橋の独特の形も目につく。ロモノーソフは一八世紀なかばに活躍した万能の天才で、ロシア最初の大学をモスクワに創設し、ロシアの学問の父とされる人である。重々しい石造りの橋で、中央の四本の橋桁の上部に塔が立ち、鎖が垂れ下がっている。船を通すために橋の中央部をもちあげたころの名残である。

同じくフォンタンカにかかる、スフィンクス像のあるエジプト橋は、鎖による吊り橋だった。人が通ると鎖が音をたてたので、「うたう橋」と呼ばれた。一九〇五年、近衛騎兵連隊と多数のそりが同時に渡ったため崩落して、多数の死者を出した。なお、このスフィンクスは、ワシーリィ島の川岸通りにある、有名な本物のスフィンクス（後述一七六ページ）とは関係がない。

グリボエードフ運河を飾る橋では、カザン寺院からちょっと行ったところにある銀行橋が有名である。ふり返ると、カザン寺院の先に重なるように「血の救世主」寺院が見える、印象的な場所だ。この小さな橋は、美しい模様をなす鋳鉄《ちゅうてつ》製の欄干をもつ吊り橋で、歩行者専用である。橋を吊っているワイヤーロープが、四隅にすわった金色の翼をもつ想像上の動物グリフォンの口から出ている。同じようにライオンの口からワイヤーが出ているものもあり、獅子橋と呼ばれる。これはかのマリインスキー・オペラ・バレエ劇場からほど遠からぬところにある。

モイカ川には接吻橋という、ちょいといかす名前の橋がある。なに、この橋のたもとにポツェルーエフ（接吻という単語から派生した苗字ではあるが、べつに特に変わった感じがするものではない）という名前の人が開いた居酒屋があったから、というだけの話なのだが、そんなことではピーテルすずめの気持ちはおさまらない。

ここが恋人たちのデートの場所だったからだ。昔、恋人たちがこの橋を渡るときには接吻し、決して別れない、と誓う風習があったからだ。近くにあった監獄に収監される囚人が、ここで家族と別れの接吻を交わしたからだ。近くの軍港から船に乗り込む水兵が恋人と別れたのがこの橋だったからだ、とかしましい。橋自体は、格別のものではない。

橋についていて、あとひとつだけ。イサーク寺院の前（青銅の騎士の反対側）の広場にニコライ一世の騎馬像があり、その背中側に、今は市役所になっているマリヤ宮殿がある。像と宮殿の間は広場の一部みたいなものだが、これがピーテルで最も幅の広い橋だという。

ガイドがそのことを一所懸命に説明するのだが、後ろ脚だけで立つ皇帝の騎馬像や、豪壮なイサーク寺院や、端正なアストリア・ホテルなどの写真を撮るのに夢中な外国人観光客は、そんなことにはいっこうに興味を示さない。

私も初めてのときは「橋なんか、ないじゃないか」と思った。ところが広場のこの部分はたしかにモイカをまたいでいるのである。広場の一部にしか見えないが、橋には違いない。なるほど、これならピーテル一の幅だ。これにはちゃんと「青い橋」という名前がある。昔、木の欄干が青く塗られていたからである。

川めぐりボート遊覧

夏のピーテル観光で欠かせないものは、ボートによる川・運河めぐりだろう。そこいらじゅうの船着場で、客の呼び込みをしている。小さな会社が乱立している模様で、あまり秩序が感じられない。船の種類、コースの選定、ガイドの良し悪しなどで多少の差があるかもしれないが、並みの外国人観光客にとっては大差ないから、どれに乗ってもよい。

中心部外周にあたる、幅の広いフォンタンカの船着場から大きめの船に乗ると、あまりせまいところには入らず、最後はネヴァ本流に出て、そこをしばらく走る爽快なコースになる。より都心部のグリボエードフ運河やモイカから小さめの船に乗ると、せまいところに出入りする、名所いっぱいのコースになるようである。両方試しても、けっして損はない。

天気が変わりやすいピーテルでは雨が心配だが、私は屋根つきには乗らない。いくら窓や屋根が透明だといっても、川風にじかにあたり、窓を通さないで景色を見るほうがずっと気持ちがよい。

ボート遊覧の楽しさは、何といっても水の上を行くことにあるのだが、そのほかに、視線が低くなるのがおもしろい。特に橋の印象はまるで違ってくる。もっとも欄干を見上げるのはいいのだが、そのあとは何も見えないトンネルになるわけで、そこにはおもしろいことは何もない。前述の最も幅の広い「青い橋」の下を通ったときは、長いこと暗闇だった。

ボートで見るのが最適の名所は、ニュー・オランダと呼ばれる、城のような昔の貯木場である。昔はここに造船用の材木を貯えて、のちに海軍省になった造船場へ運んだ。ピョートル大帝がオランダで学んだ技術にしたがった施設なので、このように呼ばれた。モイカの西端にある三角形の島で、石とレンガの高い塀に囲まれたものものしい施設である。

堂々たるアーチ状の門があり、木材を運び出すために、内部まで水路が続いている。ふつう、ボートは三角形の二辺を通るだけだが、私は内部にまで入ったことがある。赤黒い石とレンガ、内部に茂るポプラの緑、周囲の水の青さが不思議なハーモニーを作り出していた。

ボート遊覧をすると、やはりピーテルが水の都であることがよくわかる。

3 この通りあってこそ——ネフスキー通り

ここにもただよう幻想性

ピーテルを代表する通りは、町を南北に二分する中心街ネフスキー通りである。

ピーテルに特に縁の深い作家のひとりゴーゴリには、ずばり『ネフスキー通り』と名づけられた中編小説がある。教養あるロシア人で、この作品を読んでない人はいないだろうと思われる。これはピーテルを舞台にした、一連の怪奇小説の中の一編だが、その冒頭部分は、日本語訳本で一〇ページ以上続く、ネフスキー通りと、そこを行く人のゆかいな描写である。

私はその昔、大学を卒業して外務省に入り、語学研修のためにモスクワに派遣された。最初の二年間は、家庭教師についてロシア語を学んだ。到着してしばらくすると、ペテルベルグ（当時はレニングラード）をこの目で見たくなった。ところが先生は、ゴーゴリのこの小説とプーシキンの「青銅の騎士」を読み、前に一部をご紹介した「青銅の騎士」の序章（誰でも知っているピーテル賛歌）を暗記するまでは、旅行を許可してくれなかった。

さて、ゴーゴリの描写は当初、明るいネフスキー通りの賛歌のように思える。

ネフスキイ通りにまさるものは、少くともペテルブルグにはないであろう。この通りあってこその都なのだ。都の花ともいうべきこの通りに輝やかしくないものなどがあるであろうか？（……）ネフスキイ通りに、はいるか、はいらないうちに、もうすっかり散歩気分になってしまう。何か必要な、しなければならない仕事をもっていながら、ここへ来ると、必らず用事なんかというものは、すっかり忘れはててしまうのである。（……）その重みに石だたみの花崗岩さえもこわれそうに思われる退役兵士の不細工な泥だらけの長靴や、輝やかしい店の窓の方へ、まるで太陽に向から向日葵のように頭を向けてゆくうら若い婦人の、いともささやかな、煙りのように軽らかな靴や、希望にあふれている見習士官の、道に際立った傷をつけてゆくサーベルや——すべてが舗道のうえに、力の威力か、さもなくば弱さの威力をしるしてゆく。わずか一日のうちに、何という目まぐるしい幻影がつくられてゆくことであろう！

（中山省三郎訳）

ネフスキー通りは、時間帯に応じてじつにさまざまな人物であふれかえる。ゴーゴリはそれをこっけい味じゅうぶんの筆致で紹介したあと、そこで見かけた美人のあとを追うふたりの青年の物語に入る。画家のほうはブルーネットの美人にわれを忘れてしまい、実際につきまとうだけでなく、アヘンの力を借りて彼女を夢の中でまで求めたあげく、その女性がじつは売春婦にすぎないという現実に耐えられなくなって、のどをかき切ってしまう。もうひとりが追いかけたブロンド美人は、ドイツ人職人（当時はピーテルにおおぜいいた）の妻であった。実際家の彼は亭主に拍車製造を注文するなどして接近を試みる。ゴーゴリ特有のこっけいでナンセンスなできごとが重なったあと、亭主不在をねらってキスを浴びせかけるところまでいくのだが、亭主とその仲間にみつかって袋叩きにされる。憤懣やるかたない彼は告訴しようと息巻くのだが、帰り道にピロシキを食べると、満腹になって、そんな気はうせてしまうのであった。

そしてゴーゴリは締めくくる。

ああ、ゆめゆめ、このネフスキイ通りを信ずることなかれ！（……）何もかもが虚偽だ、何もかもが幻影だ、何から何まで見かけとは違うものだ！（……）諸君は、建ちかかっている教会堂の前に立ちどまっている二人の肥っちょを、その建築のことを論議しているとでも想うだろうか？——全然そうではない。彼等は二ひきの大鴉が向き合って何という奇妙なとまりかたをしているかと話し合っているのである。（同前訳）

ピーテルの華麗なメイン・ストリートであるネフスキー通りも、ゴーゴリの手にかかると、現実離れした悲劇とナンセンス譚《たん》にいかにもふさわしい舞台に転じてしまう。私たちもそんな妖しさを楽しみながら、ここを散策してみよう。

ペテルブルグ・パノラマ開幕

列車でモスクワ駅に着いたとする。ロシアでは路線始点駅の名前には、その列車の行き先がつけられる場合が多い。パリのリヨン駅のようなものであり、上野駅を青森駅と呼ぶようなものである。だから「モスクワ駅」はモスクワではなく、ペテルブルグにある。

大きな駅のホールを出て、市電の走っている通りを横断し、広場のオベリスクを背に、教会をこわして建てた醜悪な黄色い地下鉄駅を右にして立つと、そこはネフスキー通りの始点である。ほんとうは、通りはまだ東のアレクサンドル・ネフスキー修道院まで続くのだが、そちらは道幅もせまく、重要なものも少ないので、この際無視する。

そこから、はるかかなたに金色の屋根と尖塔が見える。およそ二キロ半先のそこが通りの西の突き当たりで、町のど真ん中になる。その建物は海軍省で、その右側には、ここから見えないが、かのエルミタージュ（かつての冬宮）があり、その向こうはもうネヴァ川なのである。さあ、パノラマは開いた。あとはそちらへ向かって歩けばよいだけだ。

両側はにぎやかな商店街である。商店街それ自体は、事実上社会主義体制崩壊後に現われたわけだから、まだ調和がとれておらず、あまりりっぱとは言えない（パリのシャンゼリゼやバルセロナのグラシア通りに比べれば）。やや雑然とした感じだが、建物はどれもなかなかのものである。五階建てのほぼ同じ高さの石造りの建物がずーっとならんでいるのだが、風格がある。堂々というか、壮麗というか、重厚というか。どの建物にも重々しい彫刻が施されている。

それぞれの建物は特定の建築様式に厳密にしたがって建てられているわけではなく、折衷様式である。バロック、クラシック、ネオ・ロシア、モダンなどの様式のファサード、柱、窓飾り、壁装飾がついている。二階以上はふつうのアパートのようだが、昔はひょっとすると貴族の大邸宅だったのではあるまいかと、思わせるものも少なくない。

ところがじつはこのあたり、それほど由緒ある建物がならんでいるわけではない。大半は一九世紀後半から二〇世紀初頭に建てられたり、増改築されたりした賃貸マンションである。ただ、これくらいがピーテルの建物や街並みの外見としてはスタンダードなのだ。

見たいものがある場合は、通りの反対側を歩くのがよい。同じ側では近すぎて、よく見えないからだ。この通りの左側で目立つのは、ふたつの外資系高級ホテルだろう。もちろんどちらも社会主義体制崩壊後にできたものなので、名所とは言えない。私には縁のない値段のホテルである。ネフスキー・パラス・ホテルのあるところには、以前、古いみすぼらしい建物が立っており、バルチースカヤという古風な小型ホテルがあって、私たちの定宿になっていたのだが。

右側の建物の中で特筆すべきは、ベナルダキ邸（その次の持ち主の名をとってユスーポフ邸と呼ばれることもある。ただユスーポフ家は有数の名門で、市内に宮殿のような屋敷がいくつもあるから、そう呼ぶと他と混同するおそれがある）だろう。ローマ風の白い列柱がならぶ、黄色いクラシック様式の宮殿のような建物なので、周囲から際立っている。

現在は「俳優の家」その他の施設となっているこの建物の内部にはホールがあり、一九世紀の持ち主たちは、ここでさまざまな集いを開催した。その旨を記した記念銘板がはってある。

昔、作家たちは新作をまず、文学サロンで朗読する形で発表した。この館でのそうした文学作品朗読会には、ドストエフスキー、トルストイ、劇作家オストロフスキー、作家サルティコフ＝シチェドリン、詩人ネクラーソフなど、錚々《そうそう》たる顔ぶれが出演したという。

また一時期にはムソルグスキー、リムスキー＝コルサコフなどの作曲家グループ「力強い集団」（日本では一般に「ロシア国民楽派五人組」として知られる）の指導者であったバラキレフがここに住んだので、グループの集合場所になっていた。

この家は、さらにロシア美術史ともからんでいる。国民の芸術を標榜したレーピン、スリコーフ、シシキン、ヴァスネツォーフなどの移動展覧派（後述一二六ページ）は、それまで使用してきた芸術アカデミーのホールが使えなくなったので、一八八一年の定例自派展覧会をこの家で催すことにした。ところが初日の三月一日に、アレクサンドル二世が暗殺されるという大事件が起きてしまい、その年は展覧会どころではなくなった。

広く知られるレーピンの衝撃的大作《イワン雷帝とその息子イワン》（現在は、モスクワのトレチャコフ美術館に展示）も、この家で開かれた展覧会で初公開された。激情に駆られた雷帝は手にした笏杖《しゃくじょう》で息子の頭を殴りつけてしまう。血を流しながら死んでゆく息子を抱きかかえた雷帝のおそろしい、絶望的な表情と、絵全体を支配する暗い色調が、見る人に強い印象を与える。この絵は広く話題を呼び、展覧会には四万五〇〇〇人がつめかけたという。当時としては空前の数字であった。

しばらく進むと、川が見えてくる。ネヴァ川本流手前に広がるペテルブルグの最中心部を、木の年輪のように区切る、同心円状の半円形をなす川と運河が三本あるが、これはそのいちばん外側にある、川幅五〇メートルほどのフォンタンカ川である。通りの左側を見ると、川岸に面したピンクの華麗な建物が目に入る。ベロセリスキー＝ベロゼルスキー公爵邸である。どうも日本人にはややこしい名前だが、このあざやかな色の屋敷は強い印象を与えずにはおかない。中は現在、蠟人形博物館と劇場になっている。

フォンタンカにかかる橋から左右を見ると、川の両岸にほぼ同じ高さの豪壮な建物が切れ目なしにならんでいて、ペテルブルグの町の規模を感じさせる。フォンタンカを越えると、いよいよ町の本当の中心部が始まる場所だから、初めて来たとき（久しぶりに来たとき）は、「ついに（また）来たか」と、胸の高まりがおさえきれない。

その場所でフォンタンカにかかっているアニチコフ橋は、おそらく市民に最も愛されている橋である。愛されているのは橋自体というよりも、欄干の付け根四ヵ所におかれた、荒れる馬とそれを地上から手綱でおさえようとするたくましい若者四態の彫刻である。この彫刻は、ピンクの公爵邸もふくめて、前後左右に華麗な宮殿風の美しい建物を従えた感じで眼前に現われる。

この彫刻は馬と若者の姿を通して、人類が自然を手なずけていくことを表わしている、というのだが、人気が高いだけに伝説的逸話も豊富だ。一説によると、作者はある馬の尻尾の陰（つまり肛門部分）に、自分を侮辱した人間の顔を彫りつけた、という。いや、下からでは見えない前脚の間に、にっくきナポレオンの顔を彫ったのだ、という説もある。ある馬の睾丸が嫌いな人の顔になっているのだ、という説もある。いやはや。

ドイツ軍による包囲戦中、この像を愛する市民は、餓死者が多数出る過酷な状況で、地面に穴を掘って像を埋め、破壊から守った。

魅力全開

いよいよネフスキー通りは町の中心部に入る。ふれたい名所は無数にあるが、実際に散歩しているつもりで、細かいことにはかまわずに進むことにしよう。

橋を渡るとすぐ、左側にアニチコフ宮殿がある。ピョートル大帝の娘エリザヴェータが、この場所に駐屯していた近衛連隊の支持をとりつけて、帝位「奪回」のクーデターを成功させたあとに建てられたものである。

三〇〇年続いたロマノフ王朝には女帝が四人いたが、そのうち三人までがなんらかのクーデター的手法で帝位にのぼった。ロシアの伝統では通常、女性は支配者の座にはつかないものなのである。

第四代皇帝ピョートル一世（大帝）と第五代エカテリーナ一世（その妃。最初の女帝）の娘であったエリザヴェータは、ふつうなら皇帝になってもおかしくない血筋だったが、出生時には両親がまだ正式に結婚していなかったことと、宮廷内の権力バランスの関係で、そうはならなかった。むしろ帝位に無関心を装うことによって、わが身を守らなければならなかったのである。

母親エカテリーナ一世の死後、ドイツびいきの皇帝たちの野放図な治世が続いたうえ、その後あらたな皇帝になったのはたった一歳の赤子であった。人心の離反を感じ取った彼女は、駐屯地に出かけて、父ピョートルが創設した連隊の将校と兵士たちに、偉大なるピョートルの娘である自分を支持してくれ、と訴える。いちかばちかのこのやり方は、母親が一六年前にやった賭けのような第一回クーデター（後述一七四ページ）に似ていた。兵士たちのウラー（万歳）の歓声で、歴史は繰り返された。

現在の様子からすれば奇妙なことに、この宮殿の玄関はネフスキー通りのほうを向いていない。当時、この通りはまだ中心街ではなかったからである。宮殿の正面入口は、より重要だった水路フォンタンカに設けた小さな船着場のほうを向いている。

通りに面した部分はきれいな庭園なので、柵越しにながめていたら、品のいい老婦人が「川のほうからまわると中に入れますよ」と教えてくれた。なるほど、それを知っている土地の人だけが中を散歩しているようだ。中に入って木陰のベンチで、ネフスキーの人通りをながめながら、ちょいと休む。何回も改築・増築された宮殿の内部は現在青少年用の施設で、観光客向けではないから、外からながめるだけである。

そのとなりの緑地帯の中央に、多くの側近を足もとに従えた、エカテリーナ二世の堂々たる全身像がある。ウィーンには、同じように足もとを臣下に取り巻かれた女帝マリア＝テレジアの像がある。マリア＝テレジアは、帝国の統治者としてエカテリーナより約二〇年先輩

ネフスキー通りを歩く

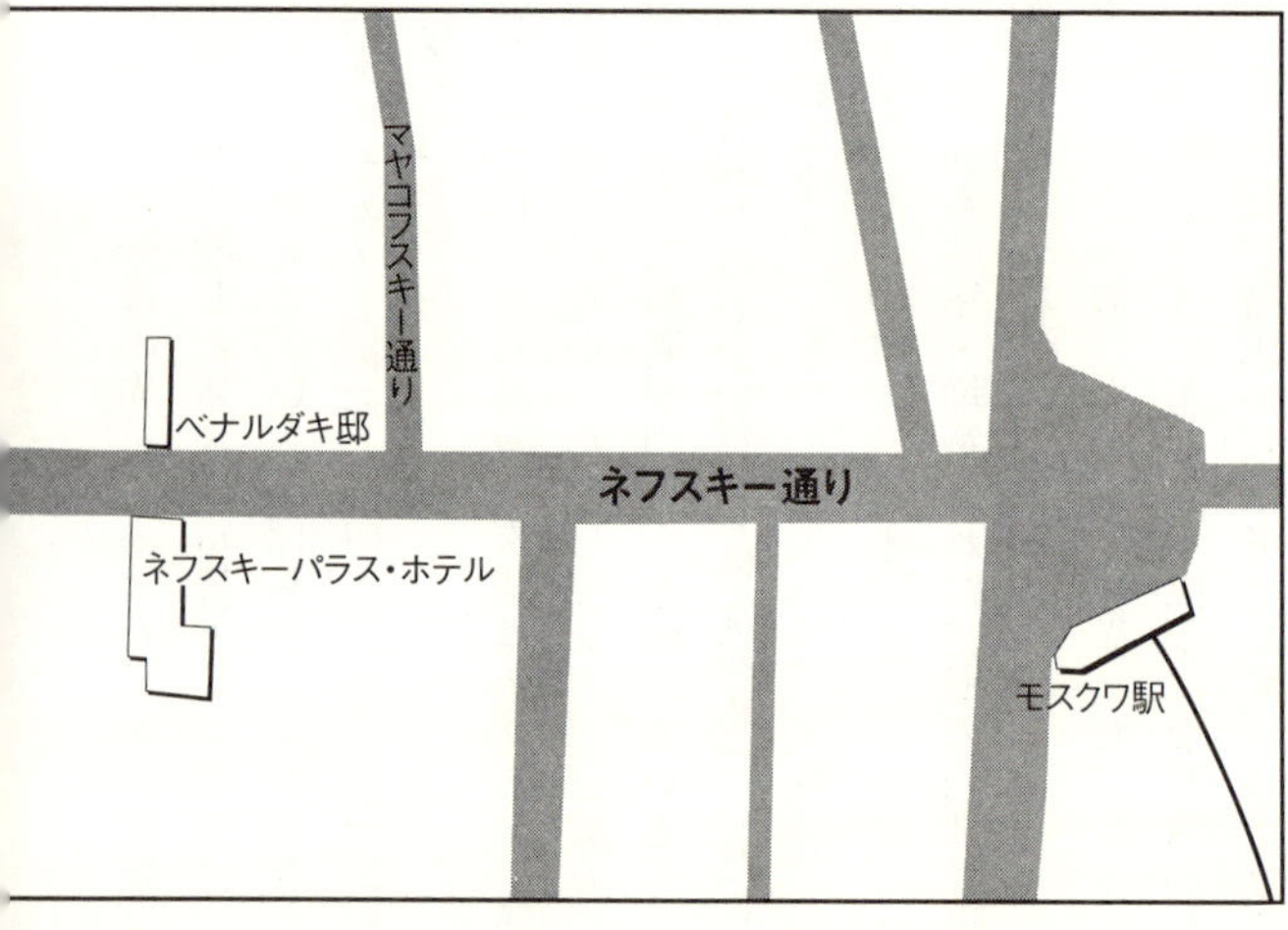

エリセーエフ商店の外観（左）と店内の様子（下）

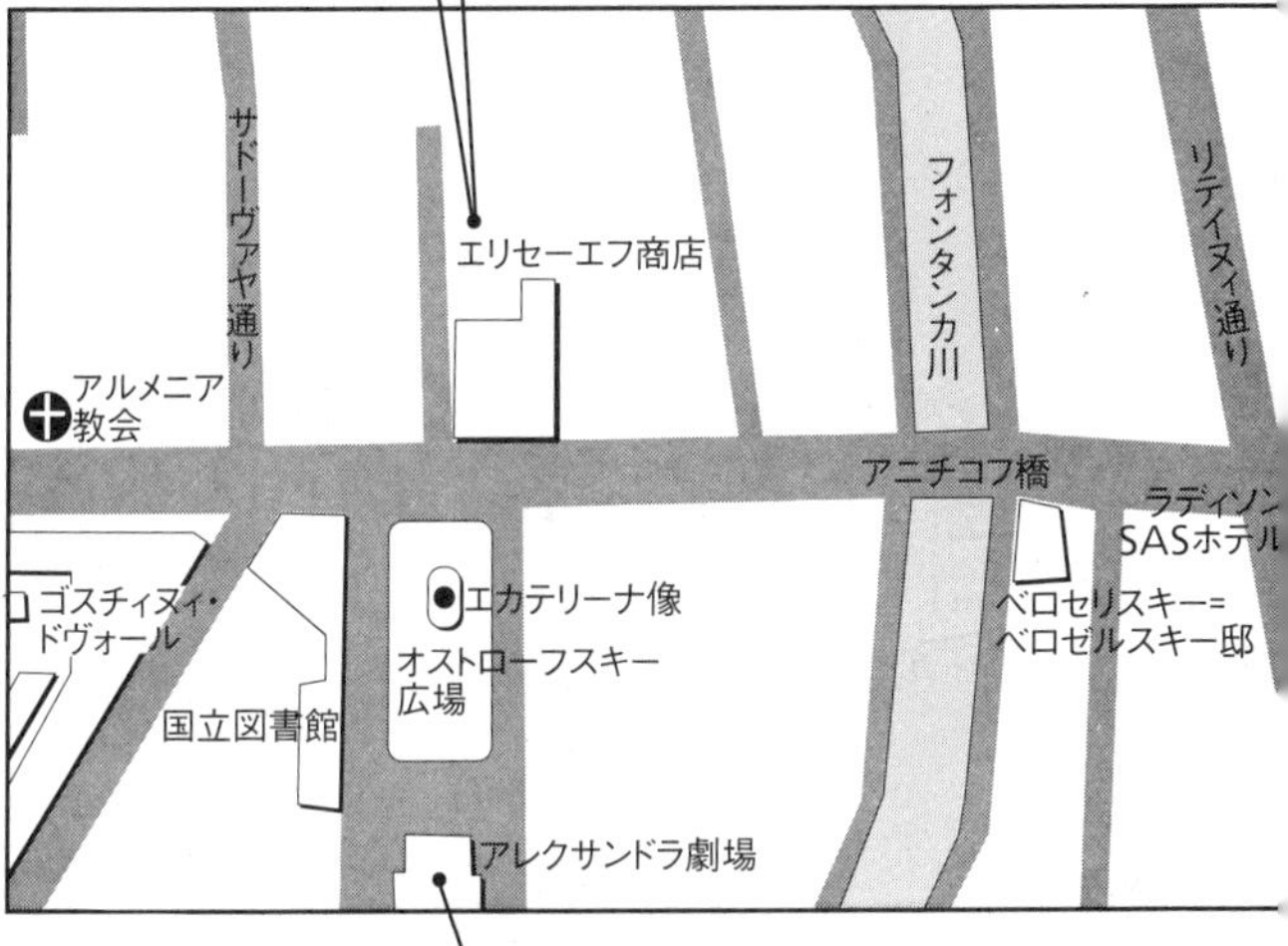

アレクサンドラ劇場

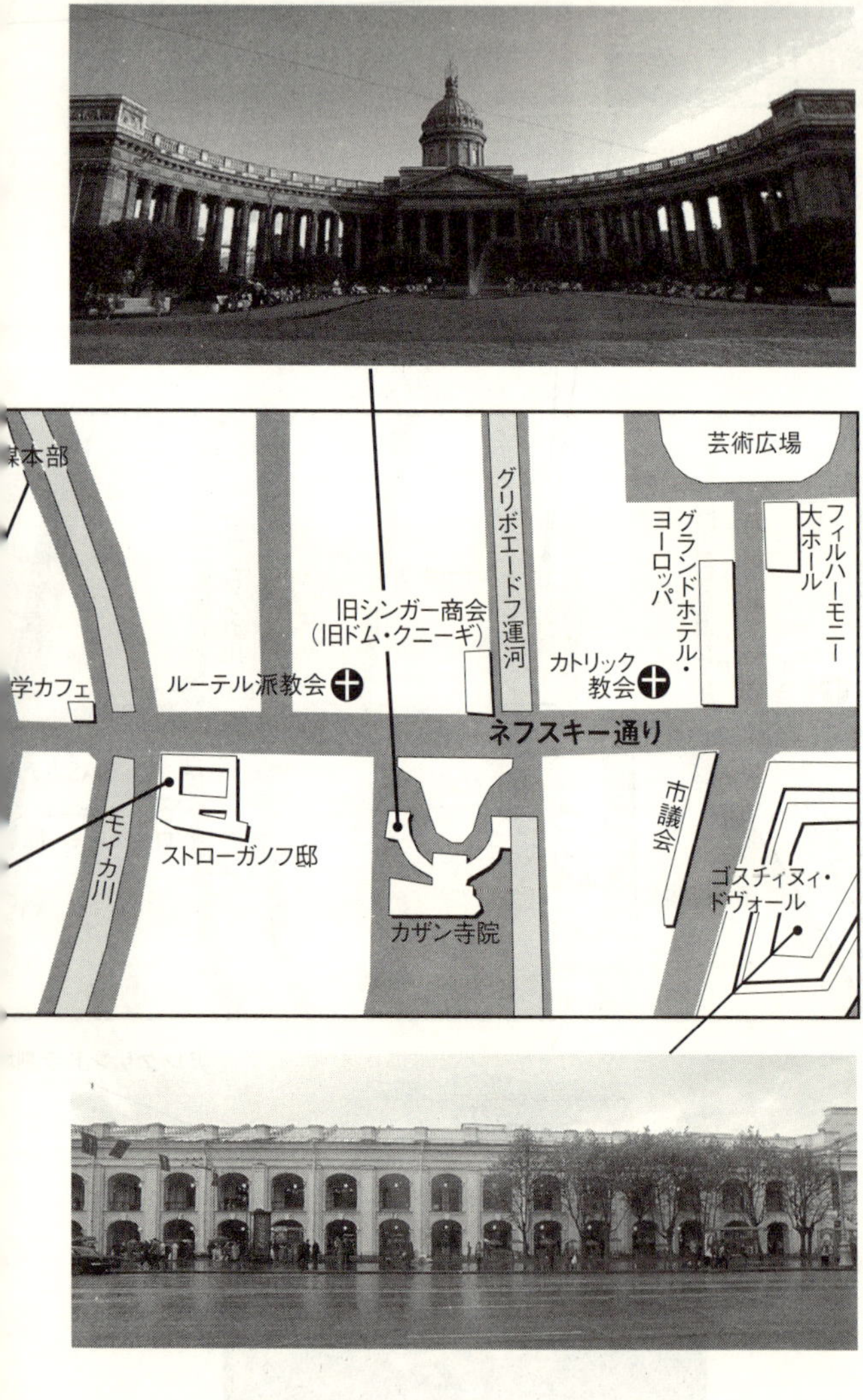
本部
芸術広場
グリボエードフ運河
グランドホテル・ヨーロッパ
フィルハーモニー大ホール
旧シンガー商会
(旧ドム・クニーギ)
学カフェ
ルーテル派教会
カトリック教会
ネフスキー通り
モイカ川
ストローガノフ邸
カザン寺院
市議会
ゴスティヌィ・ドヴォール

(右) カザン寺院
(左) 海軍省　筆者撮影

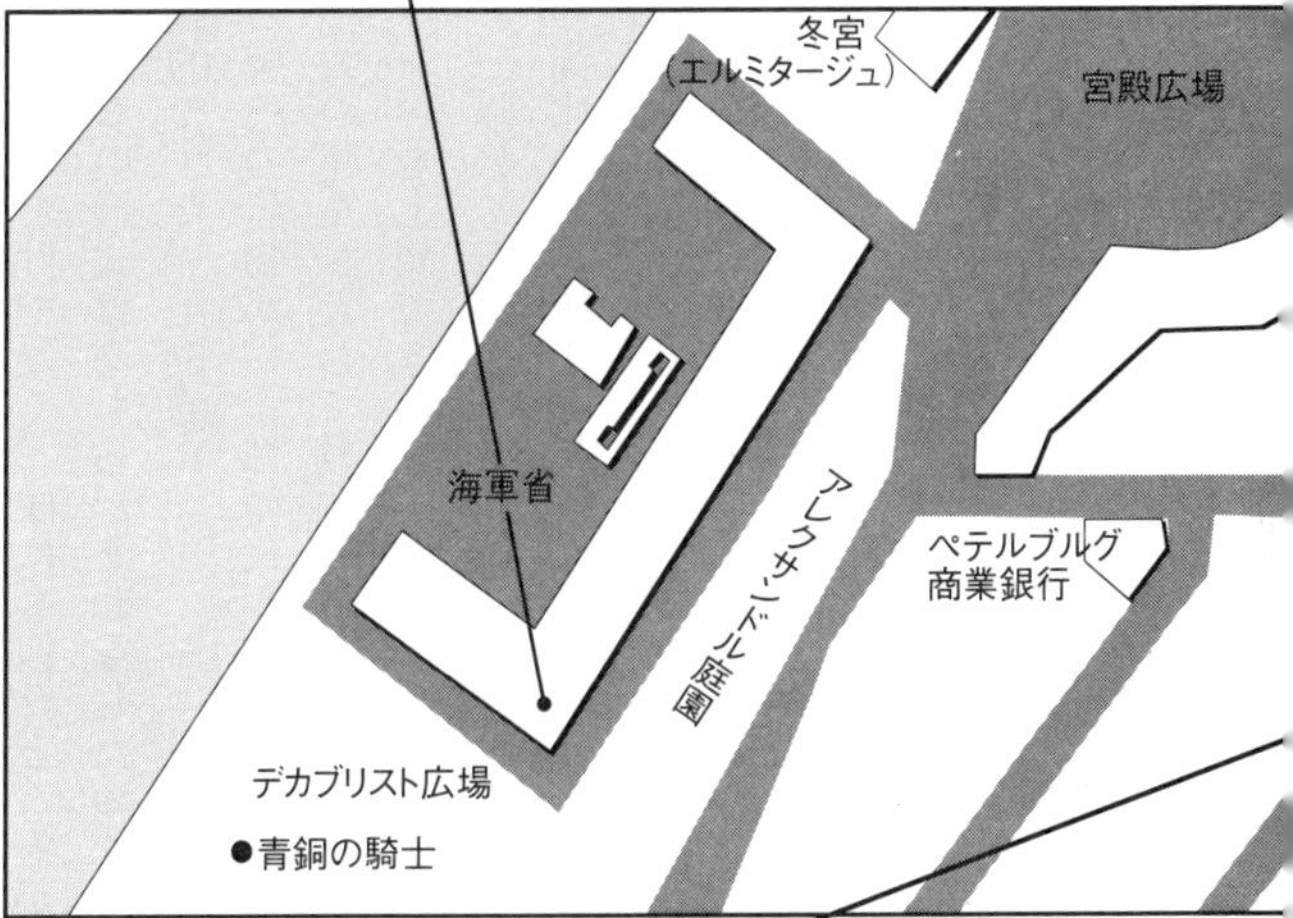

(右) ゴスチィヌィ・ドヴォール
(左) ストローガノフ邸

にあたる。賢明だったご本人どうしだけでなく、像にも似たところが多いが、像ができたのは、こちらのほうが先である。この形式はあちらがまねをしたのだろうか。ただ、こちらの像のほうが、やはり権威主義的ですな、圧倒的に。

像の奥の、白い列柱のある黄色の建物が、帝都の代表的劇場だったアレクサンドラ劇場である。ロシアのクラシック様式の建築家として最も有名なカルル・ロッシの手になる。ドラマ劇場であるが、オペラやバレエも上演できるオーケストラ・ボックスと舞台をもつ。

この像の向かい側にある、三階分くらいがガラス張りになっているモダン様式の建物はエリセーエフ商店である。この商店のオーナーの息子だったセルゲイは、明治末に東京帝大で日本文学を学び、夏目漱石の門下にも名をつらねた。革命後セルゲイが、死刑の危険を逃れて亡命したあと、商店はもちろん国有化された。彼はその後パリで、さらには招かれたハーヴァード大学で、日本学の基礎を築いた。ケネディ政権下の駐日アメリカ大使ライシャワーはその弟子なのである。

エリセーエフ商店は、彫刻をあしらった外部もさることながら、内部は宮殿のように豪華なので、見るだけでもおもしろい。チョコレートなどを買ってみるのも誇らしい。その横手の道は歩行者天国になっていて、屋外カフェなどがある。べつに名所というわけではないが、新装ピーテルの、やっと本格的化粧がすんだ、気持ちのいい一隅である。

ネフスキー通りの左側にもどると、次はロシア国立図書館、そして次が巨大なゴスチィヌィ・ドゥヴォール。直訳すれば「客屋敷」とでもなるこのことばは古いロシア語で、店舗がつながって列になっている建物を指す。外側にアーチをつらねた長屋商店街のようなもので、古いロシアの町なら、どこにでもある形式と名称だ。

デパートというより名店街といった感じで、細長い建物が組み合わさった広い店内で迷うと、どこも似ているだけに、抜け出すまでに時間がかかる。火事になったら、まず逃げられないのではないか。今では外国から高級ブランド品も数々進出して、社会主義時代とは見違えるほどきらびやかになった。

ここには地下鉄駅の出入り口があり、幅が広くなった歩道にはキオスクがあったり、観光バスの切符売り場や発着場があったりで、いつも人でごった返している。スリや引ったくりが多いので、このあたりを歩くときには、用心が必要だ。生きた町の見物は、テレビとは違う。臨場感あふれる経験というのは、当然ながら危険もコミなのである。外国人向けのものと比べれば、桁違いに種類の多い、ロシア人のための市内観光や近郊見物の観光バスがここから出発するから、カタコトのロシア語ができるのなら、参加をおすすめする。

通りの右側にはパサーシという高級百貨店があるが、こちらも名店街スタイルである。右側にはアルメニア教会、カトリック教会、ルーテル派教会が少しずつ離れてならんでいる。

アルメニア教会はキリスト教の東西分離以前に独立した（異端とされた）古いキリスト教宗派である。ピーテルは多民族帝国の首都だったので、イスラム、仏教（あれはチベット仏教だろうが）、ユダヤ教をふくめて各宗派の教会があった。社会主義体制の崩壊で、これらも徐々に復活しつつある。

右側少し先に、地下鉄のもうひとつの出入り口があるが、ここはなぜかふつう夕方に閉鎖されるので要注意である。この出入り口が収まっている空色の建物は、フィルハーモニー（楽友協会）の小ホールである。この建物は「エンゲリガルトの家」と呼ばれ、一九世紀前半にはさかんに音楽会が開かれた。ベートーヴェンの〈第九交響曲〉のロシア初演がおこなわれたのはここだった。リスト、ベルリオーズ、ワグナー、ヨハン・シュトラウスなどもここで演奏会を開いた。

最中心部から終点まで

左側角の、アンテナのような塔のあるのが、市議会。その向かい側の、わき道に沿って奥へ長く延びているのが、アストリア・ホテルと並んで由緒あるグランドホテル・ヨーロッパ、そのななめ前（もうネフスキー通りではない）が、ペテルブルグ交響楽団の本拠地、フィルハーモニー大ホールである。

ネフスキー通りの様子を描いた 19 世紀のペン画

地下鉄出入り口の前がグリボエードフ運河、対岸がガラスの地球儀のついた塔をもつ旧シンガー商会である（長いこと書店ドム・クニーギとして知られた）。右のほうのちょっと先には、きらびやかなロシア様式の、「血の救世主」寺院が見える。通りの反対側でひときわ目を引くのが、前庭に沿ってローマ風の長い列柱の回廊をもつカザン寺院である。

イワン雷帝が一七世紀にカザン汗国（キプチャク汗国の後継国のひとつ）を攻略したときに兵士を勇気づけた聖母のイコンは、「カザンの聖母像」と呼ばれるようになり、その後の多くの戦いでロシア軍の守り神となった。ピョートル大帝は新都を祝福するために、これをモスクワからピーテルに移した。一九世紀に入るとすぐ、このイコンのために大聖堂を作ることになった。建設の指揮をとったのは、芸術アカデミー総裁のアレクサンドル・ストローガノフ伯爵であった。彼の主張により、大聖堂はロシア人の手で、ロシアの建材だけを使って作られた。

一八一二年の対ナポレオン戦勝利後は、大聖堂はこの戦い（ロシアでは祖国戦争と呼ばれる）の勝利記念の建物へと性格を変えることになった。戦利品の軍旗や各国の町の紋章が運び込まれて陳列された。翌年総司令官のクツーゾフ将軍が死ぬと、ここで大々的な葬儀がおこなわれた。

ソ連時代にここは「無神論博物館」とされ、反宗教の宣伝の場として使われた。展示品や説明はいかにも陳腐、愚劣で、見るに耐えない代物だった。たとえば「大空をくまなく探したが天国なんて見つからなかった」というパイロットの証言と写真が展示されていた。現在ではピーテルの最も中心的な地区教会となり、ここで毎日ミサがおこなわれている。

さて、ネフスキー通りは最後の川モイカにぶつかる。その直前左側にあるのが、宮殿のように豪壮なストローガノフ伯爵邸である。ストローガノフ家は帝政ロシア時代の代表的な富豪であり、製鉄・製銅工場、塩鉱山などを多数所有していた。現代にまで伝わる肉料理ビーフ・ストローガノフの生みの親となった家系だ。

この邸宅は、芸術アカデミー総裁だったアレクサンドルの父親が建て、息子の代に改築したものである。最近になって修復され、現在では公開されるようになっている。一八世紀後半にはここで毎日、一〇〇人以上の客を招いて宴会がおこなわれたという。

ここから橋をはさんではす向かいにある建物に、ケーキ店「ヴォリフとベランジェ」があった。プーシキンがここから死の決闘に出かけたので有名な店である。現在は、高級レストラン「文学カフェ」と花屋になっているが、看板だけはケーキ店のものが復元されている。

ここからさらに二〇〇メートルばかり進むと、海軍省の前庭にぶつかって、ネフスキー通りが終わる。右側はエルミタージュであり、宮殿広場をはさんで参謀本部の半円形の建物が見える。もっと手前、文学カフェを出て少し行ったところを右折して、参謀本部のアーチをくぐって宮殿広場へ出ることもできる。

ネフスキー通り最後のブロックの左側に、石造りの重々しい建物がある。二〇世紀初めにできたペテルブルグ商業銀行である。当時このあたりには金融関係の建物がひしめいていた。ロシア人はこの建物を美しいというが、私にはどうも重苦しすぎるように思える。

ネフスキー通りを大急ぎで駆けぬけてしまった。実際に歩いてみると、次々におもしろいものが現われるから見とれてしまって、こう簡単にいくものではないから、その覚悟でかかったほうがよろしかろうと思われる。

第2章

街並みとロシア美術

レーピン《ザポロージェ・コサック》1880-1891

1　名所旧跡ちょっと分類――建築史がわかる町

建築の町

ペテルブルグは建築の町である。

建築の町といえば、通常真っ先にあげられるのはプラハであろう。たしかに、それほど大きくはない町の中に、建築の博物館と呼ばれるにふさわしい、さまざまな時代と様式の建物がひしめいている。ウィーンも名だたる建築の町である。ゴティク、ルネッサンス、バロック、クラシック（擬古典主義）、モダン（アール・ヌーヴォー）各様式の豪壮にして華麗な建築物が立ちならぶ姿は壮観としか言いようがない。

ピーテルもひけをとるものではない。ただ、この町にはこの町の特徴がある。

まず、ロシアはヨーロッパのはずれに位置する後発国であり、ピーテルはまったく新しい町である。なにしろ一八世紀に入ってからやっと建設が始まったのだ。そのころ、ヨーロッパの主要都市はいずれもかなり成熟しており、建築界の主流はすでにバロック末期（内装はロココ）へ移ろうとしていた。ピーテルはヨーロッパの長い建築の歴史を、途中から早送りで追いかけるようなことになった。だからここにはゴティクやルネッサンス様式の建物はほとんどない。もちろん、ただ追随、模倣しただけではなく、当時のロシア社会の状況を色濃く反映したものになったし、ロシア独特の特徴も加わっている。

すでに完成しつつあったヨーロッパの各様式が入ってくるので、ピーテルはそれを数十年で消化しては、次に移っていく感じとなった。そのうち、そこにはロシア的な、あるいはピーテル独特のものが付け加えられ、建築様式としては折衷様式と呼ばれるようになった。そして二〇世紀に入るとモダン様式が加わる。

そんなわけで、ピーテルにはこれらの様式の歴史のあとが、かなり純粋な形で残ることになった。だから町を歩いていると、次から次へと趣の異なるいろいろな建物が目に飛び込んでくるのである。しかし市街全体は創建以来の都市計画にしたがって整然と区切られているから、密度高く歴史が積み重なったプラハともウィーンとも違った、ヨーロッパ風ではあるがヨーロッパのどこにも存在しない、不思議な街並みになるわけである。そのうえ、あちらこちらで川や運河の水が建築アンサンブルに彩りをそえ、独特の雰囲気をかもし出す。

それと、ピーテルでは宮殿や大聖堂などのメジャーな大建築物が、各様式満開時の典型的な姿を見せているので、しろうとでもかんたんに判別がつく。つまり、ピーテルは建築様式の勉強をするのに格好の、わかりやすい町なのである。

バロック様式

ヨーロッパ各地でバロック建築が爛熟期にあったころに、ピーテルではヨーロッパ風建築物の建設が始まった。様式はバロックであったが、あの特有の躍動感はおさえられ、装飾も控えめで、全体として質実剛健なものが好まれた。本書ですでにふれた建物ではペテロ・パウロ寺院、メンシコフ邸、夏の庭園内に建てられたピョートルの夏の宮殿などがそれにあたる。ロシア建築史では「ピョートル期バロック」と呼ばれる。

この時期の建物がいちばん集中しているのは、ワシーリィ島のネヴァ川岸である。海軍省やピョートル大帝像（青銅の騎士）の前から対岸に見えるかなりのものがそれにあたる。塔のある青いクンストカメラ、ひとつおいて赤い参議会（現在は大学の一部になっている奥に長い建物）、黄色いメンシコフ邸などである。

ところで、ロシア、特にピーテルでは代表的な建築家の名前を誰もが知っている。町を案内するガイドは、建造物（建物だけでなく、像や記念碑も）の説明をするときは、必ず建築家（その多くは外国人）の名前を付け加える。日本人としては、当初なぜなのかわからず、わずらわしいが（いちいちそんなに覚えきれない！）、そのうち納得がいくようになる。彼らの業績は町の歴史の重要部分なのである。はぶくわけにはいかない。

私は学生時代、ソ連からのツアー客の通訳ガイドとして同行したとき、東京のちょっと目立つ建物にぶつかるたびに建築家の名前をきかれるので閉口し、憤慨した。どれも知らない、と言うと、彼らは露骨に軽蔑の表情を浮かべたからである。

「ガイドのくせに、そんなことも知らないのか」

ピーテルではそうはいかないのである。

メンシコフ邸

さて、ピョートル期バロックの代表的建築家は、イタリア系スイス人ドメニコ・トレジーニである。ピョートル大帝の覚えめでたかった彼は、ペテロ・パウロ要塞と寺院、夏の宮殿、参議会など、現在に伝わるめぼしい建物を多数設計した。

一八世紀なかばにはひときわ華麗な後期バロック様式が花開いた。大型化した規模、流れるような外形、ピョートル期バロックと比べると立体感をまして精巧になった外装の装飾（たとえば柱を模した平面的なレリーフの代わりに本当に丸い柱が現われる）、白い列柱部分を際立たせる壁面の鮮やかな色彩……こうした特徴をもった宮殿、邸宅、聖堂が誕生した。その代表的なものが冬宮（エルミタージュ博物館）である。

この様式は華やかなので、旅行者の印象に強く残るが、時期が古いのとたいへんぜいたくなせいか、じつはあまりたくさんは存在しない。一見そう見えるもののいくつかは、一九世紀、二〇世紀に入ってからその様式を模して作られたものである。ピンクのベロセリスキー＝ベロゼルスキー邸や青いナヒーモフ海軍学校はエルミタージュ博物館などよりもずっと新しい。

ヨーロッパではすでにロココの時代に入っていたので、ロシア・バロックにはロココの繊細さ、優美さも加わる。宮殿内装の多くは、あとから改装されたこともあって、ロココ様式と言ってよい。本来の後期バロックに属するもので、本書がふれるのは冬宮とストローガノフ邸である。その他には、周囲に大きな建物がないので、遠くからもよく見える華麗な青の凝縮、スモーリヌィ修道院の聖堂（ロシアの「凍れる音楽」と言いたくなる）、グリボエードフ運河がべつの運河と交わる角にある、均整のとれたニコーリスキー（ニコライ）寺院、フォンタンカ沿いにあるシェレメーチェフ邸などである。

この様式の代表的建築家は、なんといってもフランチェスコ・ラストレッリである。彼はピョートル時代に彫刻家の父親カルロ・ラストレッリにつれられてイタリアからロシアに来た。その後ヨーロッパに留学し、もどってから宮廷建築家となり、最大の宮殿（冬宮）を設計するのである。後述するように、彼が設計・建設した冬宮は火事で焼け落ちてしまった。しかしできるだけもとに近い形で再建されたので、私たちは彼の作風に接していると思ってもいいのではないか。しかもスモーリヌィ修道院もペテルブルグ近郊の有名なエカテリーナ宮殿もペテルゴフの大宮殿も、彼の作品である。

クラシック様式

クラシック様式の建物はバロックに比べて桁違いに多い。ひとつにはこの様式が一八世紀後半から一九世紀前半まで一〇〇年近く続いたからだが、その時期に重なる、エカテリーナ二世の治世から始まるこの一〇〇年間にロシアの国力が飛躍的に増大し、首都機能が拡大、充実したからでもある。建築史家はこの時代をもっと細かく分類するが、ここでは簡単にまとめたい。

一七六二年に冬宮は一応完成するが、翌年にラストレッリは解任され、イタリアへ帰国してしまう。エカテリーナとその周辺は、ラストレッリのデコレーションケーキのような華麗な作風を好まなかったのか、彼をかなり冷たく扱ったようである。

新しい支配層は、古代ギリシャ・ローマ、そしてその再現でもあるルネッサンス建築を模したクラシック様式を好んだ。そこではある種の合理主義、規則性、調和、単純な構成、壮大な外見などが追求される。この様式は、整備されつつあった絶対王政国家の性格と合致するものなのであった。

数が多いので、最も有名な、そして典型的なものだけを挙げる。本書でふれるのは、ネフスキー通りの百貨店ゴスチィヌィ・ドヴォール、小エルミタージュ、旧エルミタージュ、エルミタージュ劇場、スモーリヌィ女学院（同名の修道院が運営し、帝室がうしろだてになった上流階級の女学校だったが、革命のときにはペトログラード・ソビエトが接収、使用した）。

これら以外には、芸術アカデミー（メンシコフ邸の少し先）、タヴリーダ宮殿（エカテリーナの寵臣ポチョムキン公爵が建てたもので、革命の一時期には臨時政府が拠点とした）、夏の庭園の南どなりにあるオレンジ色のミハイル（インジェネール）城塞、エルミタージュ劇場の数軒先にある大理石宮殿などが、クラシック様式前半期の代表的建物である。

後期に入ると華やかにして堂々たる大建築物が続々と出現する。その多くが彫刻をともなっている。左右に将軍像を配し、まさにローマ神殿さながらに列柱がならぶカザン寺院、列柱の上の階に彫像がずらりとならぶ海軍省やイサーク寺院、アーチの上に古代の戦車をのせている参謀本部などがよい例である。

この時期に建てられた大建築物は枚挙にいとまがないほどである。ピーテルの町をバスで回ったり、ボートで遊覧したりすると、ギリシャ・ローマ風の列柱をならべた建物（モスクワのボリショイ劇場のようなもの）がやたらとたくさんあることに気づくだろう。これらはほとんどこの時期に建てられたクラシック様式なのである。

ロシア美術館

これだけたくさんある、というのは、それだけおおぜい建築家がいた、ということでもある。いろいろな名前があるが、その中で群をぬく存在がカルル・ロッシである。主なものだけをあげても、宮殿広場を半円で囲む参謀本部、ミハイル宮殿（現・ロシア美術館）、アレクサンドラ劇場、元老院《げんろういん》・宗務院《しゅうむいん》などが彼の手になる。いずれも黄色い壁面に白い柱が浮き出す、端正なクラシック様式である。エラーギン島にあるすてきな宮殿もロッシによるものだ。

最も壮大な建物はやはり参謀本部（口絵三ページ）だろうが、ロッシとクラシック様式を知る上でもうひとつ興味深い地区がある。それはネフスキー通りのオストローフスキー広場（エカテリーナ二世の銅像のあるところ）周辺である。

ロッシはこの一角を、クラシック様式で完全に調和のとれた、学問と芸術の中心にしようとし、個々の建物だけではなく、区域全体の設計に取り組んだ。広場の東側、アニチコフ宮殿の庭園の木々は借景として扱われ、広場との境にしゃれたパヴィリオンがふたつ建てられた。西側には彼自身の設計になる国立図書館がある（のちに建て増しがおこなわれるが）。この建物の列柱の間にはヘロドトス、プラトン、ユークリッドなどのギリシャの学者の像がおかれ、屋根の上には知の女神ミネルヴァが君臨する。

そしてエカテリーナの銅像の裏手に、黄色い壁と白い柱をもち、屋根には四頭だての馬車に乗るアポロ像をいただくクラシック様式のアレクサンドラ劇場がある。広場からはこの面が正面に思えるが、こちら側に入り口はない。

おもしろいのは、反対側（ネフスキー通りのほうから見ると裏側）である。ここは左右からまったく同じ様式の長いひとつづきの建物にはさまれた短い通りで、その名も「建築家ロッシ通り」という。その片方には演劇博物館と、かのワガーノワ・バレエ学校が入っている。どちらも列柱をもつこのふたつの建物の幅と高さは二二メートルで、長さはその一〇倍の二二〇メートルにしてある。

この通りをフォンタンカ沿いの、ロモノーソフの銅像がある小さな広場から見ると、正面の大きな劇場と左右の一対の建物がすべてクラシック様式の同じ色調になり、劇場の舞台のような空間となる。この一角はロシア・クラシック様式建築の展示場と言ってよい。

折衷様式とその後

一九世紀も中盤にさしかかると、絶対の規範だったクラシック様式に対する疑問が生じ始める。建物にはなぜ列柱、アーチ、クーポルがなければいけないのか。なぜこんなに豪華壮麗でなければいけないのか。

動きのおそいロシア社会にも近代化の波が押し寄せていた。資本主義的生産関係が広がり始め、工業もそれなりに発展し、ロシア社会は複雑化し、多様化した。この動きは一九世紀末にかけて加速し、首都はめざましく拡大し、発展した。

宮殿、大貴族の邸宅、教会だけでなく、国家機関、民間企業、各種組織が建物を必要としていた。増大する住宅需要に応えて、賃貸アパートが続々と建設され、大商店、郵便局、銀行、会社事務所、駅のような新しい施設の需要も生まれてくる。鉄骨やガラスなどの新しい建材も現われたのもこの時期であった。

建築物の施主は多様になり、要求が増大し、求められる機能も装飾も複雑化した。個人芸術家としての建築家の比重は下がり、選択の自由を求める新興ブルジョアジーの要求に応じて、古今東西の様式が混合されるようになった。建物のオーナーは新奇さ、華やかさを競いたがったのである。

このような時代状況を背景に、建築の様式は急速に複雑化、多様化していく。建築史家はこの時代の様式を一括して折衷様式と呼ぶが、これはきわめて多様な傾向を総称したにすぎず、それまでの様式のように一定の型があるわけではない。さまざまな様式を混ぜ合わせる、という共通の特徴は指摘できるが、できあがる建築物は、まさにさまざまなのである。

たとえば、ゴティク様式やバロック様式の部分的採用、ロシア的伝統への回帰、エジプト、トルコ、中国などの様式や装飾を取り入れる異国趣味などがさかんになった。これは経済的には資本主義、芸術的にはロマン主義という時代潮流に対応した傾向である。

こうなってくると、この流れを整理するのは大仕事で、私のようなしろうとの手に負えるものではない。特に目立つものを少しばかり見るにとどめたい。

イサーク寺院の向かい側、ニコライ一世の像の背中側にあるマリヤ宮殿。クラシック様式を残しつつ、新しい時代の息吹きを伝えるものとのことだが、社会主義時代から今にいたるまでずっと市役所として使われているので、ふつうは中へ入れない。また、すでに紹介したベロセリスキー＝ベロゼルスキー邸も忘れるわけにはいかない。

そして、オペラとバレエの殿堂マリインスキー劇場。ここには切符を買えば入れるので、出し物だけでなく、内装もじっくりとながめたい。内部はモスクワのボリショイ劇場とよく似た造りだが、ボリショイが赤・白・金色の華麗な内装であるのに対して、こちらは青緑・白・金色の、ぐっと落ち着いたたたずまいである。

社会主義時代に破壊

ゴスティヌィ・ドヴォールの向かいにある細長いデパート・パサージは、ガラス張りの屋根をもつ。そしてそのちょっと先にある石造りの堂々たる国立サーカス。

ヴィテブスク駅　筆者撮影

　この時代には古いロシア様式の教会が多数建てられたが、ほとんどが社会主義時代に破壊されてしまった。共産党は古い歴史をもつ教会や特別の価値ある教会は維持したが、そうでないものは破壊し、またはただ放置した。破壊された教会の数はおどろくほど多い。先年再建されたモスクワの巨大な救世主キリスト寺院は、この時代に建てられたものだったので（つまり、それほどの歴史はないので）、爆破されてしまったのである。ペテルブルグでも、たとえばこの時期の教会建築を代表する大きな生神女《しょうしんじょ》寺院（ヴィテブスク駅前）は爆破された。

　破壊を免れたものの中で目を引くのは、カルポフカ運河のほとりに立つイオアン修道院である。地下鉄ペトログラッカヤ駅から歩いていける。まるでヨーロッパ中世の城を思わせる堂々たる造りである。こんな感じの建物はピーテルには他にあまりない。

折衷様式で建てられた建物でいちばん多いのは、銀行や会社事務所と、邸宅およびアパートである。建築史の専門家なら、町じゅうに多くの傑作を指摘できるだろうが、そうでない観光客は、そこまで目配りはできない。いくつかの通りをきょろきょろしながら散策すればよろしいのではないかと思われる。ならんでいる建物の大半はこの時代のものなのだから。

妙に重々しいもの、列柱を配したもの、彫刻を施したもの、装飾の派手なもの、しゃれたバルコニーのあるもの。ピーテルの町の重厚さ、華やかさを示すこれらの建物は、たいてい折衷様式である。なにしろ一九世紀最後の二〇年には、石造建築物が毎年平均二八〇棟新築され、三〇〇の増築（階を高くする）があったのだ。建築ラッシュのピークの年一八九七年には、一年間で約五〇〇棟新築されたという。

社会主義時代はそのどれもが薄汚れていて、見ると気分が滅入ったものだが、今ではかなりきれいになっているので楽しい。そういう建物がならんでいる散歩向きの通りはたくさんある。まずはネフスキー通り、エルミタージュ左右の川岸通り、中心部の運河と川沿いの通り、リテイヌィ通り、その続きのウラジーミル通り……どうもきりがありませんな。私が好きな通りをひとつあげさせていただくなら、チャイコフスキー通り。地下鉄チェルヌィシェフスカヤ駅でおりるとすぐである。

モスクワより少し上品

二〇世紀に入っても、基本的には折衷様式が続く。ただ合理主義、機能性、多様なスタイルの追求はますます精緻になっていった。新技術、新建材もどんどん取り入れられた。そういうときにヨーロッパとアメリカでアール・ヌーヴォー（モダン様式）の潮流が生まれ、一世を風靡し、ロシアにもその波が押し寄せた。

今までにふれたものでは、ネフスキー通りの旧シンガー商会（旧書店ドム・クニーギ）、そのならびのエリセーエフ商店などが挙げられる。ロシア工芸の傑作「血の救世主」寺院の内外装と、モダン様式の建物が立ちならぶカメノ・オストローフスキー通りについてはあとで多少くわしくご紹介したい。あとひとつだけ付け加えたいのは、ヴィテブスク駅である。

モスクワに住んだ経験からすると、ロシアの大都市の駅（地下鉄や近郊列車ではなく、長距離列車が発着する大きな駅）というのは、ヨーロッパの伝統に従って外見はきわめてりっぱなのだが、必要がなければあまり近づきたくない場所である。いつも人でごったがえし、せわしなく、雑然としている。あまりきょろきょろせず、持ち物に注意し、からまれないように気をつけ、用事がすんだらさっさと立ち去ったほうがよいところだ。

しかし、ピーテルでは、特に最近は少々様子が違う。なぜかモスクワより少し上品で、華やいでいるのである。駅は本来、ある種の社交場でもあった。それに三〇〇年記念祭で、どこも化粧直しした。鉄道の歴史が長く、重要度が高いヨーロッパの大きな町へ行くと、城か宮殿のように豪華な造りの駅がたくさんある。たとえばアントワープやフランクフルト、パリの北駅などは名所と言ってよい。ピーテルのいくつかの駅は、内外ともそれに似た感じを取り戻した。

その筆頭が、モダン様式のヴィテブスク駅（その地下は地下鉄プーシキンスカヤ駅）である。もともとここは一八三七年に開通した、ツァールスコエ・セロー（現・プーシキン市）およびパヴロフスクまで行くロシア最初の鉄道の発着駅であった。今でもプーシキン市（エカテリーナ宮殿やアレクサンドル宮殿がある）やパヴロフスク（パーヴェル宮殿のあるところ）へ行くのなら、ここから近郊電車に乗ればよい。

現在の駅名となったヴィテブスクはピーテルの真南約五〇〇キロ、現在はベラルーシ領内にある、歴史に富んだ大都市であり、独特のユダヤ人文化が生まれたところ、または画家シャガールの故郷として知られる町である。駅は新規改築ではなく、二〇世紀初頭の姿をとどめつつ修理されることになり、革命のころ火事で焼け落ちた大きなガラスの丸屋根が復元された。待合室も面目を一新し、歴史的建造物と呼ぶにふさわしくなった。

列車に乗らなくても、ここのしゃれたカフェテリアで食事をするとよい。ソ連時代以来の社会主義体制特有の公私混同で、ホテル部分をいまだに身内の鉄道関係者だけで占領しているらしいのが残念だが。

2　女帝の憩い――エルミタージュ博物館

今日のエルミタージュ博物館

長々と続く建物の緑色の壁、その壁面に規則正しくたくさん配置された白い円柱、窓や壁に施された金色の縁飾り、屋根の上に立ちならぶ像……これがエルミタージュ博物館中最大の建物、冬宮の外見である。エルミタージュは規模、内容ともにロンドンの大英博物館、パリのルーヴル美術館などとならぶ、世界最大級の博物館である。

展示室の数は四〇〇以上、その総面積は四万六〇〇〇平方メートル（約一万四〇〇〇坪）もある。部屋をつなげると、その長さは二二キロとも二七キロともいう。測り方によって異なるのだろうか。所蔵品は三〇〇万点にのぼり、一点一分ずつ見て、一日八時間かけるとしても一七年以上かかるというような言い方がされる。数字を聞いているだけでも、気の遠くなりそうな規模である。もっとも所蔵品のうち、展覧されているのは、ほんの一部にすぎな

ワシーリィ島から対岸の冬宮を望む19世紀はじめの絵

いのであるが。

現在の博物館は、渡り廊下でつながれた五つの建物からなるが、いちばん端にある「エルミタージュ劇場」と呼ばれる建物は、ほとんどが研究・作業用に使われているので、ふつう本館経由で見学することはない。実際には四つの建物の一階から三階をめぐり歩くことになる。最大の建物は、言うまでもなく歴代皇帝の冬の住居であった冬宮である。これは十月革命後に博物館の一部に繰り入れられた。

冬宮が完成したときにその住人となったのは、即位したたばかりのエカテリーナ二世であった。彼女はすぐとなりに西欧絵画コレクションを収納するため、冬宮の一辺にあたる長さをもった、細長い建物を建てさせた。彼女はこの建物を、フランス語で「隠れ家」を意味するエルミタージュと名づけ、ここでつかの間ののどかなひとときを楽しんだのである。この建物は、今では「小エルミタージュ」と呼ばれる。

エルミタージュ博物館開設の時期は、エカテリーナの命令で買われた西欧絵画二二五点がピーテルに到着した一七六四年とされる。それは小エルミタージュ建設開始の年でもあった。女帝と歴代皇帝の絵画・美術品大量買い付けは、その後も精力的に続けられた。ロシアの財力と文化の高さを世界に示す政治的意図があったのである。エカテリーナ二世が、西欧諸国の間で野蛮な後進国とされていたロシアの評判を向上させた功績は大きい。

好き勝手に歩き回ったらいい

さて、精力的な美術品収集のために収納場所が足りなくなったので、そのまたとなりに、ネヴァ川のほうを向いた建物（現在の「旧エルミタージュ」）が建てられた。それから六〇年後、同じ場所の宮殿広場側に、何体ものアトラスが屋根を支えるデザインの玄関をもつ美術館が誕生した。設計者には、ミュンヘンのアルテ・ピナコテークを建てたレオ・フォン・クレンツェが招かれた。これが「新エルミタージュ」である。こうして、現在の四つの建物がそろう。

外から見たときに、大きさの点でも美しさの点でも、圧倒的な印象を与えるのは、もちろん冬宮である。ネヴァ川のほうから見ても、反対側の広場から見てもたいへん長いので、つい、細長い建物かと思ってしまうが、これはじつは「井」の字のように内庭を囲むほぼ正方形の建物である。それを知ってもう一度見ると、全体がいかに大きいかが多少実感できる。

この巨大な入れ物にびっしりとならべられたエジプト、メソポタミアなどの古代文化の遺産、東方諸国の美術・工芸品、ロシアの各種文化財、西欧各国の近・現代絵画や彫刻、ロマノフ家の家具、工芸品、装飾品……。そして宮殿であった建物自体が、豪華さの点ではヨーロッパのどの宮殿も寄せつけない。誰もがこのとてつもない規模と豪華さを目にするとびっくりして、呆然としてしまう。

これだけ大規模なので、よほどまわり方をくふうしないと、主なものだけでも見切れない。多くの案内書が、見る対象を絞り、効率よくまわることをすすめる。たしかに、無数の文化財に片っ端から感心して見とれたりしていたら、時間も体力も尽きてしまう。

もっとも、最初からそんなに計算高く、じょうずにまわれるものだろうか。打ちのめされ、呆然とし、迷子になり、くたくたになるほうが、自然である。とりあえず好き勝手に歩き回ったらいい。

豪華な部屋と家具

じつは物知らずの私は、純粋に博物館・美術館的な部門より、豪華な部屋や家具のほうに強く引かれる。こんな部屋で誰が何をしたのだろうと想像をめぐらし、窓からの景色（これがまた、どの方角も美しいのである）、バロックやロココ風の絵が描かれた華やかな天井、贅を凝らした壁やドア、精巧な寄木細工の床を楽しむ。石や木のモザイクで作られたとてつもなく高そうな家具や、みごとというしかない工芸品には、見るたびにため息が出る。

大広間を見て映画『戦争と平和』の舞踏会シーンなどを思い出したりしていると、時間だけでなく気力もなくなってしまい、あとはもう近代西欧絵画を見ておしまいにしよう、という気分になることが多い。タピストリーがこれだけずらりとならんでいるところなんて、世界中にないのかもしれないが、悪いけれどもそのみごとな刺繡《ししゅう》をていねいに見る気にはあまりならない。何もかも多すぎ、りっぱすぎて消化不良を起こしてしまうのですね。

入館者が最初に度肝を抜かれるのは、入るとすぐにぶつかる中央階段である。まさに豪壮というほかはない。本来冬宮の正面は広場側の入口だが、今は川側の入口（現在の博物館の入口）から入る。この階段は昔、「大使の階段」と呼ばれた。外国の使臣たちが、皇帝に謁見すべくこの大きな階段を上ったのである。左右にはきらびやかに着飾った侍従たちがずらりと勢ぞろいしていたのだろうか。そんな情景を想像すると、大使ではない私たちでも胸がときめいてくる。

冬宮の豪華な部屋の代表的なものとしては、日本風に言えば七〇〇畳近くある大広間、それに劣らず広く豪華な聖ゲオルギーの間（大玉座の間）、丸天井の下に知恵の女神ミネルヴァとならぶピョートル大帝の肖像画と玉座がおかれた小玉座の間、緑色の孔雀石《くじゃくいし》（孔雀の尾のような模様がある緑色の石）でおおわれた柱やテーブルをもつ、冬宮の中でも特に豪華な孔雀石の間などがある。

みごとな部屋は当然冬宮に多いが、美術館として建てられたその他の建物の中にも、どうしてどうして、ものすごい部屋がある。初めから博物館として建てられたウィーンの美術史博物館もまるで宮殿のようだが、あれよりももっと宮殿らしい。皇帝の趣味が反映しているからだろうか。

展示品に関しては、主なものをあげるだけでもこの本一冊では足りない。関心のある方は、かなりの数の本が日本でも出版されているので（巻末の参考文献を参照）、詳しくはそちらをごらんいただきたい。現地に行けば、ロシアで出版されたカラー写真入り案内書の日本語版を買うこともできる。日本のふつうのロシア旅行案内書でも、エルミタージュにはかなりのページを割いている。

誰もが見たいのは、やはり近代西欧絵画のコレクションだろう。解説書が特筆するのは、二点のレオナルド・ダ・ヴィンチ《ベヌアのマドンナ》一四七八年、《リッタのマドンナ》一四九〇年頃）である。数少ないダ・ヴィンチの油絵がここには二点もあるのだ。その他ラファエロ（《コネスタビレのマドンナ》一五〇四年頃）、ミケランジェロ（《うずくまる少年》一五三〇年代、これは彫刻である）、ティツィアーノ（《悔悛のマグダラ》一五六〇年代）、カラヴァッジョ（《リュートを弾く人》一五九五年頃）などがならぶ。くどくなるので、あとは作家名にとどめよう。

エル・グレコ、ヴェラスケス、ムリーリョ、ゴヤなどのスペイン勢から、ヴァン・ダイク、デューラー、ホルバインなどもある。ルーベンスとレンブラントの作品は多い。

誰でもびっくりするものすごい収集は一九世紀以降のフランスを舞台に活動した画家たちの絵だ。ミレー、マネ、ピサロ、コロー、モネ、ルノワール、ゴッホ、ゴーギャン、ドガ、クールベ、セザンヌ、マチス、ピカソ……ああ。誰が、いつ、こんなに集めたのだろう。

多方面にわたるこの膨大なコレクションは一朝一夕にしてできあがったものではない。歴代皇帝の金に飽かせた熱心な収集、帝国各地での考古学的発掘、帝政時代の大富豪が集めたさまざまなすぐれたコレクションの国有化とここへの集中などの、長い、興味深い物語がある。

一般訪問者の関心を最も強く引くのは近代西欧美術だろうが、東洋部門や考古学部門などもたいへん充実している。特に考古学部門は広大なロシア帝国やソ連の領土内での発掘や研究の成果であり、世界に類を見ないものである。ただ、それらを鑑賞するにはかなりの知識が必要だし、多少はなじみのある近代西欧芸術品が山とあるので、気力と体力がなかなかそちらまで及ばないのは残念である。

冬宮と博物館の歴史

一七二一年、ピョートル大帝は冬の時期をすごすための小さな宮殿を、現在のエルミタージュ劇場の場所に建てた。これが最初の冬宮で、現在残っているものは数えて六番めにあたる。ピョートルはこの宮殿で死に、皇后エカテリーナ一世の即位を決めたクーデター的後継者決定会議も、ここで開かれた。

比較的最近になって、ピョートル時代に建てられた部分が一部復元された。とはいっても私たち日本人が考える復元とは、かなり様子が違う。

最初の冬宮は小さかったがレンガ・漆喰《しっくい》造りだったので、撤去されることなくその周囲に建て増しがなされ、もとの建物は新しい大きな建物に呑み込まれてしまった。そのようなとき、表面の漆喰ははがされ、不都合な壁はくずされ、不要な窓やドアはふさがれたりするから、あとからでは前の姿はまったくわからなくなる。そんな増改築が何回かおこなわれた。もとの冬宮は新しい部分におおわれて、完全に建物の一部になってしまったのである。

文献の研究によって、古い部分の壁などが残っているはずであることがわかり、一部でも復元しようということになった。後世に付け加えられた壁などが取り払われ、漆喰がはがされ、現在の建物の内部に、部分的にもとの部屋が姿を現わした。間取りや壁などをもとの姿にもどし、内装も整えて、ピョートルの書斎や寝室がよみがえった。その周囲の壁の表面は半分はがされて、古い部分と付け加えられた部分が対比できるようになっている。

この作業の際に当時のごみためが発見された。ごみためといっても、宮廷のそれは私たちのものとは違うらしい。それは「文字どおり宝の山でした。当時の生活の実態を示す貴重な品がたくさんあり、信じられないくらいりっぱな家具なども捨てられていました。私たちはその多くを生き返らせたのです」と、案内してくれた学芸員が言った。

現在、復元された部屋は、発掘された当時の品をまじえて公開されている。ピョートルの書斎の質素な机の上には、古ぼけた未開封のワインがおかれてあった。

「あのワインもそのときの発掘品です。」

その後冬宮はいろいろ姿を変えたが、ピョートル大帝の娘であるエリザヴェータ女帝時代の一七五四年に、現在の冬宮の建設が始まった。完成したのは、エカテリーナ二世即位の年、一七六二年である。建設を命じたエリザヴェータは、完成を待たずに死去した。彼女が実際に住んだのは、現在の冬宮からちょっとはなれたところに建てられた、五つめの木造の冬宮であった。

設計にあたったのは、イタリア人のフランチェスコ・ラストレッリである。エカテリーナ二世の即位後、ラストレッリは解任されてピーテルを去ることになったので、内装を仕上げたのは別の建築家であった。そこでエカテリーナ二世も宮殿の内部の完成にはおおいに関与することになった。

しかし一八三七年に火災が起きた。三〇時間燃え続けて、宮殿は壁と一階の天井を残すだけとなってしまった。だから現在私たちが目にするのはエカテリーナ時代のものではない。強引で知られるニコライ一世は、このとき八〇〇〇人の職人や労働者を動員し、一五ヵ月の突貫工事でこの大宮殿をもとの形に再建させた。外見はほぼ旧態を保ち、内装も可能な限り復元したと記録されている。

期限厳守の皇帝命令のため、工事は苛酷なものとなった。人々は漆喰を早く乾かすために三〇度まで温度を上げた部屋の中で、働かされた。北国の冬において、これはたいへんな高温であり、つらいことだった。いっぽう、外部の凍った足場からは、多くの人が足を滑らせて落下し、死んだという。

当初宮廷の絵画展示場にすぎなかったエルミタージュは、一九世紀初めころから博物館の性格をそなえ、新エルミタージュができてからは公開されるようになった。しかし入場者は限られていた。

エルミタージュが今のような総合的な、本格的な博物館になったのは、やはりソビエト時代になってからだと言ってよいだろう。ソビエト政府はここを、国家の威容を示す舞台と考えた。冬宮が博物館に加えられ、モローゾフやシチューキンなど、帝政時代の大富豪のコレクションや、その他の美術品が国じゅうのあちこちからここに集められた。

独ソ戦のレニングラード包囲のときは、多数の所蔵品が疎開させられた。封鎖中には砲弾や爆弾が命中したが、幸い激しい損傷は免れ、戦後に復旧されて今日にいたっている。

女帝エカテリーナ二世

冬宮の建設を命じたのはエリザヴェータであったが、今も書いたとおり、内装を完成し、実際に使用を開始し、隣接地に美術ギャラリーを作ったのは、ピョートルとならんで大帝と呼ばれたエカテリーナ二世であった。

エカテリーナは、内容こそピョートルとは違うが、同じように波乱に富んだ運命と、統治者としての輝かしい足跡と、矛盾した行動によって私たちの関心をひきつけてやまない人物である。まず彼女は、血筋のうえでは生粋のドイツ人である。彼女はドイツの小さな公国から、ロシア皇太子に嫁入りしたにすぎない。

ピョートル大帝の娘エリザヴェータ女帝には子どもがいなかったので、甥にあたる少年(のちのピョートル三世)をドイツから皇太子として迎え入れた。ところが、この皇太子は、極端なプロイセンびいきであっただけでなく、人格的にも残酷、政治的にも無能であった。

皇太子は性的不能者であったため、妃は処女のまま放置された。このあたりは、フランス革命でギロチンの露と散ったルイ一六世の妃マリー・アントワネットの当初の境遇と似ている。ピョートルはのちに手術によって性的能力をもつことになるが、手元にべつの女性を引き入れ、妻に手を触れることはなかった、と言われる。

エカテリーナ二世は、一世同様、血統的には帝位につくはずがなかった。それどころか、夫の手によって皇后の地位を追われ、修道院に幽閉《ゆうへい》される危険にさらされていた。しかし困難な境遇にあったこの賢明な、意思と責任感の強い女性は、当初からロシア語を熱心に学んでロシア人になりきろうと努力を続け、極力宮廷内に敵を作らないように行動したため、多くの人から愛され、同情されていた。

一方、敵国の崇拝者であることを公言し、軍人に敵国の軍装を強制し、兵士たちが血を流して獲得した戦果を無償で敵に返却してしまい、気分次第でめちゃくちゃな命令を乱発し、国益も臣下も考慮せず、自堕落な生活をおくる皇帝は、多くの人の危惧を招いた。廷臣たちの一部には、エカテリーナをかついでピョートルを廃位しなければ、国の将来が危ういという判断が生じ、ひそかにクーデターが準備された。

一七六二年六月、一刻も猶予できない状況が生じたが、ピョートル大帝が創設した歴史的な三つの連隊には、かねてより根まわしがしてあった。エカテリーナは早朝に馬車で市内の駐屯地に駆けつけ、女ながら軍服に身をかためて三つの連隊をまわり、士官や兵士たちから支持の歓呼を受けた。そのあとカザン寺院で主教の祝福を受けると、ついには九歳だった息子のパーヴェルを抱いて群衆の前に姿を現し、即位の意思を示すのである。

これがロシア史上最後の、数えて三つめの、そしておそらくロシアの運命にとって最も意味のある、クーデターによる女帝の誕生である。

逮捕されたピョートル三世の言動は目をおおいたくなるほどぶざまなものであったため、側近だった者たちもあきれてエカテリーナの側についた。彼らは罰せられることもなく、公平に処遇されたので、エカテリーナはさらに人望を高めることになった。しかし、何よりも血統を重んじる帝制（王制）にあって、新女帝の正統性は危ういものであった。

これを脅かす最大のものは、いうまでもなくピョートル三世の存在である。彼が生きているかぎり、不満分子が彼をかついで決起する可能性はなくならないのである。ところがクーデターのわずか九日後、彼女は監禁先のピョートルが「事故で」急死したとの通知を受ける（公式発表は病気による死亡）。側近の一部が、将来の禍根《かこん》を断ち切ったのである。この事件に彼女がどこまで関与したのか、命令はしないまでも暗黙の了解を与えていたのかどうか、歴史文書は語らない。

夫を廃位したばかりでなく、殺害して戴冠《たいかん》したという疑惑は、輝かしい業績を重ねたエカテリーナの正統性にその後長く、重苦しくのしかかる十字架となった。国民の間に不満が生じると「三世は民衆を愛したので、ドイツ女と貴族に殺されたのだ」「真のツァーはじつはひそかに生きている」といった類の風評が広まった。現に、エカテリーナ二世の治世のなかばに帝国を揺るがす反乱を起こしたコサック頭目プガチョフは、ピョートル三世を僭称するのである。

エカテリーナの時代は、歴史の表側も裏側もじつに興味深い話に満ち満ちている。たとえば、ネフスキー通りの女帝像の足もとにはべる臣下たちが、エカテリーナとどのような人間関係をもったかなどは、小説のようにおもしろい。しかし、この本では深入りしているひまがないので残念である。

私たちに身近なできごとをひとつだけあげると、日本の漂流民大黒屋《だいこくや》光太夫《こうだゆう》を謁見し、ラックスマンに日本との交渉を命じ、その際に光太夫をつれて行って帰国させるようにしたのは、ほかならぬエカテリーナ二世であった。

謁見がおこなわれたのは冬宮ではなく、ツァールスコエ・セロー（現・プーシキン市）のエカテリーナ宮殿のほうである。この名称は二世にちなむものではなく、この土地をピョートル大帝から贈られた一世に由来している。今の形となった宮殿建設を開始したエリザヴェータが母の名を残そうとしたのである。建築家も冬宮と同じフランチェスコ・ラストレッリであった。規模ははるかに小さいが、外から見た感じが冬宮に似ているのは当然だろう。

十月革命とソビエト時代

十月革命時に、冬宮には、臨時政府閣僚がたてこもり、攻防の舞台となった。レーニンの指揮の下、武装蜂起によって権力を奪取しようとしたボリシェヴィキ（のちの共産党）部隊は、ソ連時代の革命映画が好んで描いたように、オーロラ号の砲撃を合図に、頑強な抵抗を突破して格好よく冬宮に攻め込んだわけではなかった。ある証言によると、そのとき冬宮内部では、負傷者が三名出ただけだった。ロシアだけでなく世界の運命を決めたとも言える「十月革命」のピークの瞬間は、意外に間のびのしたものだったのである。

状況統制能力を失ってしまっていた臨時政府側にもまだ、最後の防衛にあたるコサック兵や士官候補生の部隊などが残っていた。ボリシェヴィキ側にしても動員できる兵力はあまり多くなかったので、冬宮への攻撃はなかなか決行できず、好機到来に気をはやらせていたレーニンをいらだたせた。

臨時政府の首班ケレンスキーは、武装蜂起開始の日の早朝に冬宮を脱出してしまった。自分たちを支持する部隊の応援を得ようとしたのだが、駐車中の政府所有自動車はすべて走れないように工作されてしまったので、自動車を見つけるために右往左往しなければならず、最後はアメリカ人の自動車を借りた。緊迫していた割にはしまらない話である。ただ、ボリシェヴィキ部隊が閣僚を逮捕するために入室する直前に、彼が女装して逃げたというのは、あとから作られた伝説である。

そのとき閣僚たちは、「孔雀石の間」のとなりにある小食堂にいて、打つ手もなく、無意味な議論をしていた。この部屋はふつうの見学コースの途中にある。「孔雀石の間」は美術・工芸的にみごとな部屋なので人気が高いが、臨時政府閣僚逮捕、つまり十月革命の成就、という歴史的できごとが起こった場所という意味で関心をもつ観光客は、今ではあまりいないようである。

中世の騎士

前にも書いたとおり、エルミタージュを今日のような世界最大級の博物館にしたのはソビエト政府であった。しかしソビエト政府が博物館に対してしたことは功罪なかばするようである。冬宮接収の際に略奪と破壊がおこなわれたのはある程度やむをえないとしても、五ヵ年計画を成功させる資金を得るために組織的に美術品を国外に売却したことは、ソビエト政府のいわば恥部となっている。おどろくべき数の美術品が、このときに国外に流出している。このことは従来極力伏せられてきたが、ソ連崩壊後になって、かなりのことが明らかになった。

また、どの分野でも組織化、大型化、集団化を好んだソビエト政府は、エルミタージュを奇怪なまでに巨大な統合機関とした。民間コレクションを国有化して、ほとんどすべてをここに収納しただけでなく、たくさんの中小の博物館や研究機関が閉鎖され、エルミタージュその他ごく限られた博物館・美術館に吸収された。この巨大な栄光の陰には無数の「兵士たちの死」が隠されているのである。一将功成りて万骨枯る。

スターリン時代の強引な政策、粛清、レニングラード包囲戦の悲劇なども、エルミタージュを避けてはくれなかった。また主としてドイツとの間に繰り広げられた美術品略奪合戦。この美の館にも重苦しい裏の歴史があるのだ。しかしここでは、けしからぬ話ではあるにしても、ユーモラスでもあるエピソードをひとつ紹介するにとどめよう。

一九七〇年代から八〇年代なかばにかけてレニングラードに君臨した共産党高官にグリゴリー・ロマノフという人物がいる。彼はレニングラード州共産党委員会の第一書記として、党中央の政治局員（共産党の最高職位で、常時十数人いた）を兼務し、のちには実権のうえでは政治局員をしのぐポストと言われた書記（この中のトップである書記長が国の最高指導者だったのである）のひとりにもなった。ペレストロイカを遂行したゴルバチョフ書記長誕生の際には、最有力の対抗馬とも言われた。ゴルバチョフ就任の直後に解任されたのは、手ごわいライヴァルだったからであろう。苗字が王朝と同じなのはまったくの偶然にすぎないが、当然ながらこれをもとにいろいろなアネクドート（ジョーク）が作られた。

さて、このロマノフが自分の娘の結婚式にエルミタージュ所蔵のロマノフ家の豪華食器セットを使用した、という話は有名である。彼が健在のときにもささやかれていたから、これはたぶん事実なのであろう。ただ、ここから先はいかにも伝説くさい。

この命令を受けたエルミタージュ館長は「やるのなら、おれの死体をまたいで行け」（命を懸けて何かを阻止しようとするときの決まり文句）と叫んだのだが、なんの効き目もないことがわかると、急（仮）病にかかってしまった（寛容性を欠いた社会主義時代に、責任逃れをする必要があったときに使われた常套手段）。

食器を運び出そうとした者たちが深夜に到着すると、とつぜん闇の中から全身をよろいでおおった中世の騎士が出てきて、これを妨害しようとした。宝物の番をする幽霊かと怖気づいた連中は逃げかかったが、夜の見張りの番犬がうなり声をあげて騎士にとびついた。よろいを着ていたのは、無法を阻止しようとした学芸員であったが、彼が身につけていたのは、騎士の乗馬用のよろいであった。このよろいには当然尻の部分の覆いがなかったので、あわれ、そこにかみつかれて、正体がばれてしまった。このけなげな学芸員はすぐ首になった、と伝えられる。スターリン時代だったら、首ではすまなかっただろう。

3　ロシア美術めぐり——ロシア絵画と「ロシア美術館」

「ロシア国民画派」

ロシア美術についてもふれておきたい。ロシア絵画が日本であまり知られていないのは、残念なことである。おそらく日本だけでなく、世界的にもよく知られているとは言えないだろう。しかしロシア絵画は、古代ロシア（世界史の時期区分で言えば中世）の聖画イコンから二〇世紀初めの抽象絵画の父カンディンスキーまで、大規模で豊かな、独特な世界をもっているのだ。

ロシアの歴史と文化に関心を寄せる者にとっては、一九世紀後半に独自の世界を作り出したロシア絵画は見逃せない。しかし現代日本のロシア芸術研究家や愛好家の関心はもっぱら二〇世紀初頭以降に現われたアヴァンギャルド、特にカンディンスキーに集中しているようで、一九世紀後半の写実的絵画に関する本はほとんどないようである。かつて出されたことのある世界の主要美術館別の画集（たとえば『トレチャコフ美術館』）や、ロシア美術展が開かれたときの解説カタログ程度しかないのではないかと思われる（巻末の参考文献参照）。

西洋絵画様式の発展・変遷の道からちょっとはずれて、一九世紀後半のロシア社会の価値観を色濃く反映した写実的な、歴史的・文学的内容をもつ絵は、現代の日本人には感銘を与えないのだろうか。しかしロシアのにおいを求めてピーテルに来たからには、この世界にもふれてみたい。これらの代表的作品のほとんどは、モスクワのトレチャコフ美術館とピーテルのロシア美術館に集中しているのである。

ところで小見出しの「ロシア国民画派」という名称は、私が勝手につけたものである。ロシアの国民的音楽の作曲家たちのグループ「力強い集団」（日本では「ロシア国民楽派五人組」と呼ばれる）同様、ロシア国民のための美術確立をめざして「移動展覧派」を名乗った画家たちと、その前後のロシア的世界を描いた画家たちを指したつもりなのだ。ちゃんとした研究に基づく学説ではないが、ほとんど無視されているロシアの画家たちにも目を向けようとするなら、こんな呼び名になるかな、と思う。

「インテリゲンチア」

一八世紀末から一九世紀にかけてヨーロッパ各国の美術界では、重厚なアカデミズムの時代が終了し、スペインのゴヤや各国のロマン派、バルビゾン派などの先駆者をへて、フランスを中心とした、のちの印象派絵画へと進みつつあった。印象派形成のきっかけと言われるマネの《草の上の昼食》が発表されたのは一八六三年のことである。多くの人はこの西欧絵画史主流の華麗なる展開に魅了され、そこからはずれたロシアについてあまり関心を寄せることがない。

後発国ロシアは、ピョートルの西欧化政策以来、絵画をふくむあらゆる学問・芸術部門で西欧に追いつこうと努力した。絵画の世界では、当然ながらヨーロッパのアカデミズムにしたがうのが正道とされ、本家に劣らないような、しかし国籍不明の大作が続々と登場した。しかし本当にロシアらしい作品が集中して現われるのは一九世紀なかば以降であり、フランスにおける印象派形成と重なる時期であった。

このころになるとロシア上流階級における西欧化はあまり無理のない、自然なものとなっていた。ロシア国家が充実し、国民意識の向上が進んだこの時期、ロシア人たちはヨーロッパ文明受容よりもむしろ自己確立に熱心になる。芸術家は各分野で自分らしさ、ロシアらしさを追い求めた。自国の伝統の再発見とその復活に向けられた目は、やがてその伝統の担い手であるロシア国民の大部分を占める農民が、貧困のままに放置されていることに気づく。教養ある階層の多くの人が、その是正と社会改革を真剣に考えるようになった。こうしていわゆる「インテリゲンチア」が誕生する。

インテリゲンチアという語はロシア起源とされる。もちろんこのことば自体はロシア語ではなく、ラテン語である。それがロシア起源とされるのは、このことばが指しているのが、単に知識と教養をもつだけでなく、社会意識をもち、社会の公正化に努力する人々だからである。そのような人々が大量に現われ、ひとつの階層を形成し、さらに行動を起こしたのがロシアだったのである。

一九世紀のロシアで知的または芸術的活動をおこなった人のほとんどが、このインテリゲンチアと呼ぶべき人々であった。したがって彼らの作品の多くが強い社会性をもち、社会改革志向を帯びることになった。特によく知られるのは文学であるが、音楽や美術も例外ではない。

文学の開花は他より早く、(世界文学としてのロシア文学の生みの親プーシキンの長編詩「ルスランとリュドミラ」発表が一八二〇年)、音楽はそれより少し、絵画はさらにあとになった。ロシア国民音楽の父と言われるグリンカの最初の大作オペラ『皇帝に捧げし命(イワン・スサーニン)』の初演が一八三六年、ロシアの自然と国民の姿をありのままに描こうとした移動展覧派の結成(またはその代表的画家レーピン初期の作品《ヴォルガの舟曳き》の制作開始)は一八七〇年である。もちろん、それまでもロシア的な絵がなかったわけではないが、多くの代表的傑作が生まれたのはこのあとであった。

自国の文化と生活の伝統を重視し、絵画を通した国民啓蒙をめざした移動展覧派が結成されたころは、すでに農奴解放令が出されており、農民啓蒙をめざすナロードニキ運動のグループが活動するなど、社会改革の意識と運動はかなり広がっていた。その中にあってロシアの自然、各階層国民の生活、民話と伝説の世界、歴史的な事件および人物などのテーマを好んで取り上げたこの画家たちの関心が、様式や技法よりも「内容」に向かったのは当然のことだったろう。

訴えようとするものが思想的、歴史的、文学的な内容をもっていたので、絵画の様式と技法は写実的なものになった。言ってみれば、ロシアでは絵画もきわめて文学的・思想的だったのである。光や色が織りなす新しいタイプの美の創造に夢中になっていた西欧の画家や評論家が、ロシア絵画に関心を寄せなかったのも不思議ではない。

しかしロシア人にとっては、これが「自分たちの」絵なのである。ロシア文化に関心をもつ者にとっても、これは自分の「ロシア像」を作る上で欠かせない。ヨーロッパ主流から見るなら傍流でしかない一九世紀アメリカ美術に関しても、これに似たような事情があるのではないかと思われる。

ロシア美術館

エルミタージュからモスクワ駅に向かってネフスキー通りを行くとして、ゴスティヌィ・ドヴォールのところで左折する。角はグランドホテル・ヨーロッパである。その短い通りの突き当たりの緑地帯が、中央にプーシキン像が立つ芸術広場で、その先の豪壮な黄色いクラシック建築がミハイル宮殿すなわちロシア美術館である。

ここが芸術広場と呼ばれるのは、手前右側がフィルハーモニー大ホール、その一軒先が音楽コメディー劇場、広場の左が画家ブロッキー博物館とムソルグスキー・オペラ・バレエ劇場と、ここに芸術関連施設が密集しているからである。宮殿の裏側は「血の救世主」寺院とミハイル（インジェネール）城塞にはさまれた、ミハイル公園という木立の多い大きな公園である。宮殿は皇帝アレクサンドル一世の弟ミハイルのために一八二五年に建てられた。建築家はかのカルル・ロッシ、後期クラシックのアンピール様式（フランス語で「皇帝」を表す、ナポレオン時代の様式）であった。

せっかくのところで水をさすようだが、ドストエフスキーはこのアンピール様式が大嫌いで、「ローマ様式の情けないコピー、偽りの荘厳さ、考えられぬほど退屈でぎこちなく、わざとらしい」（『作家の日記』）と悪口を書いている。

これを知ったときには少しおどろいたが、よく考えてみると、私自身もソビエト時代に建てられた、正面に装飾過剰のコリント式列柱を配した新クラシック様式の威圧的な巨大建築物をいっこうにりっぱだとは思わず、嫌悪感をいだいていることに思い当った。共産主義者が好んで模倣したものは、ドストエフスキーが嫌い、軽蔑したものだったのである。

この宮殿は一九世紀の末に改修され、「アレクサンドル三世のロシア美術館」と称されることになった。それ以前、エルミタージュでもロシア絵画の収集が試みられたのだが、一九世紀末になってもじゅうぶんな数がそろわなかった。

その後、ロシアの国力充実と民族意識の向上により、またロシア独自の絵画流派の出現を受けて、ロシア美術だけのギャラリーを建設しようという動きが高まった。モスクワでは一九世紀後半にトレチャコフ兄弟が同時代のロシア絵画の収集につとめ、一八九二年にそのコレクションを公開した（現在のトレチャコフ美術館）。

ロシア美術館は、宮殿を博物館用に改築して、一八九八年に開館した。改築を担当した建築家は、内部を思い切って美術館用に模様替えした。その結果一部の人からは非難されることになったが、客間、食堂、寝室、宴会場、舞踏会場のままでは美術館にはならない。

革命後、冬宮をエルミタージュ博物館に繰り入れた際には、主要部分はあまり改築されなかったが、それらの部屋にはじつは絵画は展示されず、部屋そのもの、あるいはそこにおかれた家具や工芸品を鑑賞の対象とするようになっているから、あそこはそれでもかまわないのである。

ミハイル宮殿は美術館として機能するように改装されたが、かなりの部屋や内装に宮殿の雰囲気が残されている。青い壁、クラシック様式の柱や天井画をもつ「白の間」は、この美術館創設に力を入れたアレクサンドル三世の記念展示場となっている。

当初は民族学的美術品の収集にも力が注がれたが、それはのちに隣接の民族学博物館に移管された。ここへはあちこちの宮殿、個人コレクション、美術アカデミーなどからロシア美術(絵画、彫刻、素描や版画)が集められた。特に革命後は、エルミタージュの場合同様、国策としてイコン芸術をふくむロシア美術史全体を示す大コレクションが作られていった。

アンドレイ・ルブリョーフ《伝道者パウロ》1408年

独ソ戦中は多くの絵画が疎開した。地下室で保管されたものもあった。この美術館は、相当量の爆撃・砲撃の被害を受けた。四〇の砲弾、一〇〇の焼夷弾、一一の爆弾が命中したと言われる。至近弾で窓ガラス全部が割れるようなこともあったが、美術品は疎開したものも地下室のものも完全に無傷で残った。

イコンのコレクション

ロシア美術の宝庫としては、建物の規模でもコレクションの量と質の点から見ても、モスクワのトレチャコフ美術館のほうが上である。しかし、比較すればそうだというだけで、こ

同《使徒ペテロ》1408年

この展示品もじゅうぶんに豊かである。エルミタージュ見学のときのように、規模と内容に圧倒され、力尽きて降参という敗北感は残らないので、よい印象をもてる美術館と言えるのではないか。

ここの大部門のひとつは古いイコンのコレクションである。ギリシャ正教では（ロシア正教でも）偶像崇拝につながるとして、立体の聖像はふつう聖堂内におかれない。そこで多数のイコン（聖画）が生まれた。これは本来美術品ではなく、暗い教会にそなえられる祈りの対象である。

正教がビザンチンから伝わったあと、教会建築もイコンもロシアで独自の変化を遂げた。つなぎ合わせた木の土台の上に布を張り、下塗りを施してからテンペラ絵具で仕上げ、さらに金属製の飾りで顔と手以外のほとんどの部分をおおってしまうロシアのイコンは、不思議な美の世界を作り出した。

革命以来イコンは本来の場所から切り離され、美術品として博物館におかれるようになった。そのおかげで、私たちは明るい場所で、この芸術作品のすみずみまで見ることができるようになった（教会破壊を肯定するわけではないのだが）。

ロシア美術館のイコン・コレクションはたいへん豊かである。一二世紀、一三世紀の古いものから、有名なアンドレイ・ルブリョフ、それに続く、有名・無名の画家たち（信仰の対象を制作したイコン作家は、後世の芸術家と違って自分の名前を残さないことのほうが多い）の作品がある。

「ふつうの絵画」の中にも、美術史をたしなんだ人や絵画の愛好家なら、見逃せないものがたくさんあるだろう。また、昔のピーテルの様子を描いたもの、歴代の皇帝や皇族または貴族や芸術家の肖像画、当時の人々の暮らしを描いたものなどは、ロシアの歴史と文化に関心がある人には興味深いはずだ。

《地獄への降臨》1660年頃の刺繡

それでも一九世紀前半までの絵は、聖書の一部、古代ローマのできごと、ロシアにはまったく縁のない風景などを描いた、アカデミズムと呼ばれる絵が主流なので、私のようなしろうとにはあまりおもしろいとは思えない。

ただし、いくつかの絵はロシアで広く愛されているので、少なくとも見ておかないとロシア人に相手にしてもらえない。

その代表的なものはブリューローフの《ポンペイ最後の日》（まさにアカデミズムの骨頂）、レヴ

ブリュローフ《ポンペイ最後の日》1833 年

アイヴァゾフスキー《第九の波》1850 年

レヴィツキー《フルショーヴァとホヴァンスカヤの肖像》1773年

ィツキーの〈スモーリヌィ女学院の生徒〉シリーズ（当時の貴族階級の若いお嬢さんたちが、コケットリーな姿を見せる）、多作家アイヴァゾフスキーの海の絵（特に有名な《第九の波》）などである。アイヴァゾフスキーの絵は、今ならさしずめ、ハリウッド映画が金に飽かせて大画面の上に、人が見たこともない大自然の動きを展開して見せるようなものだろうか。大海原の嵐の光景なのだから写生のはずはないが、迫力満点なのはたしかである。

移動展覧派

ロシアらしさが表面に出て俄然おもしろくなるのは、移動展覧派が登場する一九世紀後半以降の絵である（展示はほぼ時代順となっている）。日本で最も広く知られているロシア絵画と言えば、レーピンの《ヴォルガの舟曳き》だろう。これもロシア美術館所蔵だ。

レーピンの絵として、ロシア美術館には他にもニコライ二世の肖像画や、国家会議の絵などの大作がある。しかしここでの圧巻は日本でもよく知られている《ザポロージエ・コサック》（第2章扉絵）である。羽ペンで何かを書いている男のまわりを、じつにさまざまな表情をしたコサックたちが取り囲み、うれしそうに大騒ぎをしている巨大な絵（二〇三センチ×三五八センチ）だ。この絵にはちゃんと歴史的根拠がある。

一七世紀に、トルコは現在のウクライナ南部にまで勢力を伸ばす大強国であった。ロシア

レーピン《ヴォルガの舟曳き》1873年

の力はまだ弱く、ドニエプル川下流域のザポロージエに陣取るコサックたちは自治を謳歌していた。トルコのスルタンは、この自由の民コサックたちに、自分に臣従するようにとの最後通牒《つうちょう》を突きつける。これに対してコサックたちはありとあらゆる罵倒語や卑猥語をつらねた侮辱的な拒否回答を送ったのであった。その手紙は現存しているそうである。この絵は、その手紙を書いているところなのである。

　コサックは民族ではなく、もとは圧政から逃れた人々が辺境にかたまって住んだ武装集団である。当時のコサックは、ロシア人を中心にウクライナ人その他ロシア南部に住む諸民族からなり、どの国にも従属していなかったが、モスクワに最も親近感をもっていた。その不羈《ふき》の気風はゴーゴリの傑作小説『タラス・ブーリバ』によく描かれている。

　さまざまな服を身につけ、いろいろなひげをはやし、風習にしたがって坊主頭のてっぺんにひとふさの毛を残したコサックたちが、あるいは大笑いをし、あるいは何かを叫び、あるいはいたずらっぽく目を輝かせ、あるいはおおまじめな、または皮肉っぽい表情をし、あるいは笑いすぎて目に涙を浮かべている。みんなで侮辱的な回答の文案を練っているのである。これほど生き生きとした、たくさんの表情を描ききった絵はめったにないだろう。いつまで見ていても退屈しない。

さてロシア美術館は、トレチャコフ美術館ほど、ロシア美術の代表作をもれなく集めているわけではない。何人もの画家の代表的作品が所蔵品にふくまれていない。それでもロシア絵画史の全体像が示されていることは間違いないので、ロシア絵画がどんなものなのか、コレクションの最も代表的な画家と作品をほんのちょっとだけご紹介したい。

ロシア国民絵画の重要な部分を占めるのは、ロシアの大地の描写である。当然と言えば当然ながら、多数の画家がこれに挑戦した。その中で最も有名なのが、おもに森を描いたシシキンである。人の手が入らぬまま木が密集しているところや、森の中のちょっとした空き地などを描くので、ふつうなら絵画としての構図がとりにくかろうと思うのだが、みごとに野生の木々の命を伝える絵となっている。

一九世紀末から二〇世紀初頭にかけて活躍したスリコーフは歴史画で知られる。ロシア美術館には代表作《エルマークのシベリア征服》と《ステパン・ラージン》がある。このふたつはレーピンの《ザポロージエ・コサック》よりももっと大きく、それぞれ二八五センチ×

スリコーフ《ステパン・ラージン》1906年

ヴァスネツォーフ《岐路に立つ勇士》1878年

五九九センチ、三一八センチ×六〇〇センチというとてつもないサイズで、こうなるとまるで壁画である。前者では、この大画面いっぱいに、川をはさんで白兵戦に突入する多数のコサックとシベリア諸民族の兵士ひとりひとりの表情が描き込まれている。闘志をむき出しにした顔、死に物狂いの顔、恐怖に引きつった顔……

《ステパン・ラージン》では背中を向けて舟をこぐ部下たちに対し、こちらを向いて不機嫌にすわり込むステンカ・ラージン（ステンカはステパンの呼び名）の表情が描かれている。日本でもよく知られた民謡「ステンカ・ラージン」によるならば、カスピ海を暴れ回ってペルシャの町を襲ったラージンは、美しい姫君を拉致する。ところが「女にうつつをぬかして、仲間をすてるのか」と部下に言われると腹をたて、姫君を水の中に放り込んでしまう。どうもこの絵はその直後を描いたもののようである。御大のご機嫌が悪いわけだ。

民話、伝説、宗教の世界を描いて独特の境地を示したヴィクトル・ヴァスネツォーフは、「血の救世主」寺院のモザイク（後述一六七ページ）の原画もいくつか作成した。ロシア美術館には、どくろが散乱する古戦場で、道しるべの前に立った甲冑乗馬の騎士が、どちらへ行こうか考えている《岐路に立つ勇士》がある。同じく、寺院のモザイクの原画作成に加わったネーステロフやリャーブシキンの絵もある。ネーステロフが描く、森の中の聖人や修道僧の瞑想的雰囲気の感じられる絵も印象的である。

画家クストージエフ

絵画をことばで表現することなんて、もちろん不可能である。だからぜひ本物を見ていただきたいものだ。たしかにこれらは、ヨーロッパ絵画の様式の発展からは外れているかもしれない。しかし何も知らない人までもが引き込まれるような魅力に満ちている、と私は思う。

最後にもうひとり、おそらく日本ではほとんど知られていない画家クストージエフについて。この人は一八七八年に生まれ、二〇世紀初頭から革命後まで活躍した画家である（時期的に移動展覧派ではない）。革命の際にはボリシェヴィキの側に立ち、労働者のデモなども描いた。しかし彼が作り出したキャンバスは圧倒的に、革命前のロシアのいろいろな階級の人々の日常生活を、正確に、魅力たっぷりに再現する風俗画であった。革命後に描かれた絵の大半でさえもそうなのである。

作品の多くが、音楽でいえばクラシックではなく、ポピュラーに属するようなものだ。屋台のピロシキ屋、パン屋、大道芸人、居酒屋の給仕などが、表情豊かに描かれている。ペレストロイカ以後社会主義が否定され、人々が革命前の生活や文化に深い郷愁をいだくようになると、彼の作品は爆発的な共感を呼ぶことになった。ロシア美術館には彼の代表作が二点ある。《マースレニツァ》と《お茶を飲む商人の妻》である。

クストージエフ《お茶を飲む商人の妻》1918 年

マースレニツァはロシア正教の謝肉祭である。年によって日付けが変わる移動祝日だが、いずれにしても冬の終わりか、春の初めの時期である。春の初めといっても、北国はまだ雪におおわれたままだ。しかし寒気はゆるみ、人々の気分と表情は明るくなってくる。

この絵が描くのは、この祭日恒例のそり遊びをする人たちがあちこちにいる丘と、そこから見える町の光景である。間近な春の到来を思わせるピンクの空をカラスの群れが舞う。眼下に広がる町には教会の鐘楼がたくさん見える。今にも祭日の鐘の音のにぎやかな重なりが聞こえてきそうだ。そして見世物小屋を囲む人々、雪合戦をする子供たち。なんとも楽しそうな祝祭日の雰囲気がただよう絵である。

《お茶を飲む商人の妻》は日本でも知る人が多いかもしれない。ロシアではたいへん有名な絵で、ロシア料理の本などには必ずと言っていいくらい登場するからである。熱い紅茶をさますため注いだ受け皿をもつ、色白でふくよかな女性、そのぽっちゃりとした手、卓の上にはこぼれんばかりの果物とケーキ、そしてサモワール、甘えかかる猫、遠くには教会の鐘楼、夏の空。気持ちがほっと安らぐ絵である。

前にも言ったように、日本でこれらロシア絵画の複製を見るのは、それほど簡単ではないかもしれない。ロシアへ旅行したら、「ロシア絵画」というようなアルバムを一冊買って帰るのがおすすめである。ちょっと重いのが難ですがね。昔と違って印刷がよくなったし、解説が英語のものもある。

第3章

中心名所と生活

19世紀はじめの海軍省の様子

1　この町の迫力——四つの中央広場

ペテルブルグは、全体が図面上に描かれた都市計画に沿って作られた人工都市である。なにしろ初めにはほとんど何もなかったのだ。中国歴代王朝の都は、碁盤のように区切られた町として建設されたが、ヨーロッパにはこのような人工都市はあまりないのではないだろうか。

中心部は、ネヴァ川河岸に向かって主要道路が放射状に集まるように作られた。その結集点に海軍省の長い建物があり、それを取り巻くように四つの中央広場が配置されている。宮殿広場（ここが冬宮の前庭である）、海軍省の前の広場（ここは現在アレクサンドル庭園と呼ばれる緑地帯である）、海軍省をはさんで冬宮の反対側の、ピョートル像（「青銅の騎士」）のあるデカブリスト広場（旧・元老院広場）、そしてその南どなりの、中心にイサーク寺院がそびえたつイサーク広場である。

これらの広場の周囲に、海軍省のほかに冬宮、参謀本部、元老院・宗務院、イサーク寺院、アストリア・ホテル、マリヤ宮殿などの建築物が集中している。ここはまさに帝国の首都の中心部分なのである。

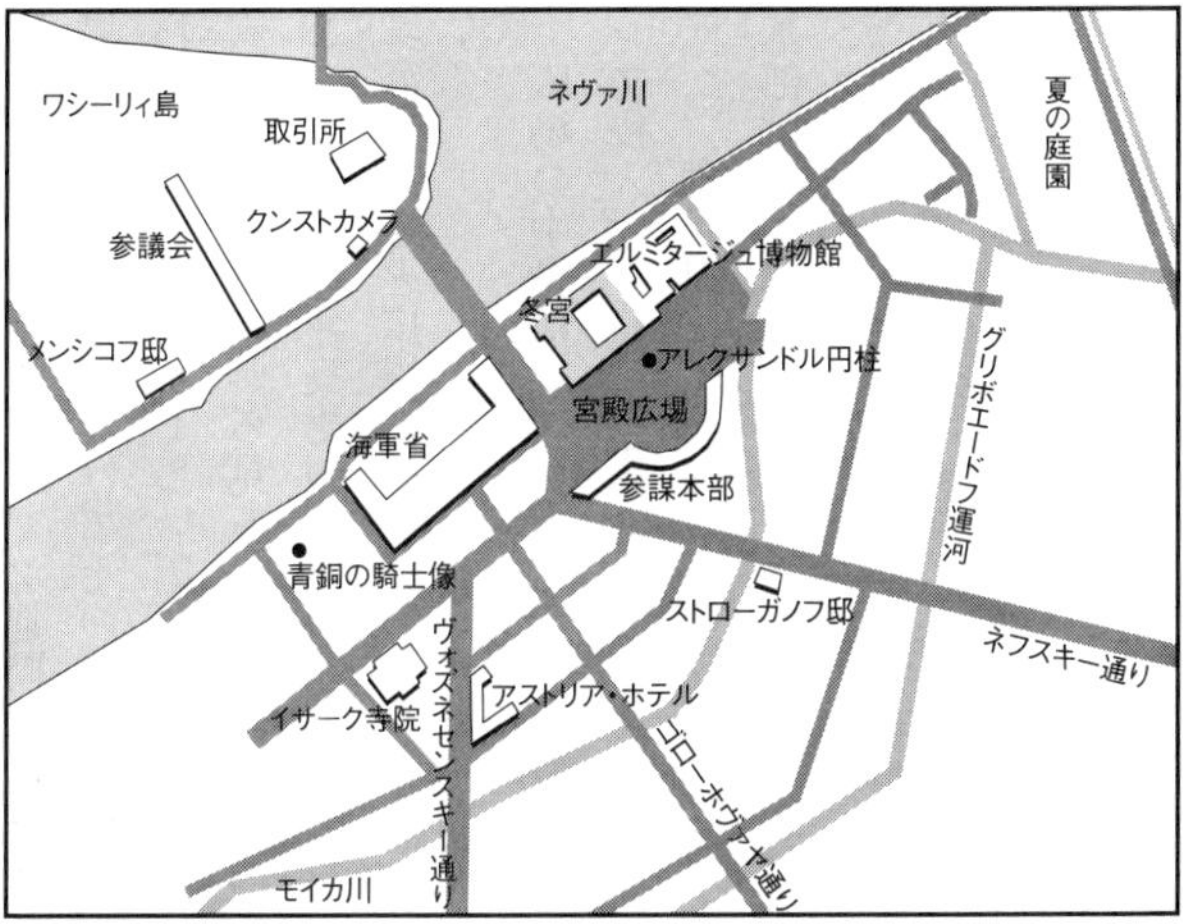

宮殿広場付近の地図

いずれも大規模なので、この四つの広場をまわって主な建物を外から見るだけでも、半日近くかかるのではないだろうか。ピーテルの迫力を思い知らされる区画である。

宮殿広場

宮殿広場は、ネフスキー通りの北西端にある、直線状の青い冬宮と、湾曲する黄色い参謀本部の長い建物にはさまれた広大な広場で、面積はなんと八万一〇〇〇平方メートル（約二万五〇〇〇坪）もある。広々としたこの美しい広場に立つと、ピーテルの風格を感じずにはいられない。

　ここは町の象徴的中心とされ、ソ連時代にはモスクワの赤の広場と同じような意味合いと役割をもっていた。中央の円柱をのぞけば何もない、石畳である。ソ連時代にさかんだった祝日のパレードはここでおこなわれた。広場の端にひな壇を設けてその前を行進しても、反対側からでは、何をやっているのかよくはわからない。それくらい広いのである。

この広場の端から見ると、冬宮でさえそれほど大きくは感じられないほどだ。しかし長いこと、冬宮は建築物の高さの基準とされ、一般の建物はこれより高くできなかった。それ自身の大きさと広場のせいでわからないが、冬宮はじつはそれだけの高さももっているのである。

広場の中央に「アレクサンドルの円柱」と呼ばれる高い柱が立っている。ナポレオンのロシア侵入（一八一二年）をはねかえして勝利をおさめたアレクサンドル一世をたたえて作られた。直径四メートル、高さ四七・五メートル、重さ六〇〇トンの花崗岩である。この柱の基部は地中に埋められてはおらず、土台を補強されてもいない。つまりこの柱は自分の重みだけで立っているのである。地震国日本では考えられないことだ。頂上には十字架をもつ天使の像がのっている。

こんな高い、重い柱をどのようにして立てたかは、ペテロ・パウロ要塞内の市歴史博物館へ行けばわかる。そこには巨石をつるす大掛かりな足場の模型が展示され、そばのモニターには、コンピュータグラフィクスを使って再現した作業過程が映し出されている。

広場に沿って弧状に湾曲した、クラシック様式の黄色い建物が参謀本部である。かつては半分が参謀本部、もう半分が外務省と財務省だった。それをつなぐ部分が、丸天井のアーチをもった通路（広場とネフスキー通りをつないでいる）になっている。左右合わせてひとつの建物と考えると、この建物はピーテルじゅうでいちばん長いことになる。アーチの上には、ナポレオン戦争の勝利を記念して、古代ローマの戦車の像がおかれている。まさに威風堂々である。この建物には現在も政府関係の役所が入っているから、観光客は中へは入れない。建築家はかのカルル・ロッシである。

一九〇五年一月、ツァーに対する請願デモに向かって軍隊が発砲し、多数の死傷者を出した。このできごとで、皇帝に対する国民の信頼と期待は失われ、革命に向かっての地滑《じすべ》り現象が始まったと言われる。軍隊による発砲が起こったとき、宮殿広場にもおおぜいの人が集まっていた。

そして一九一七年一〇月（新暦では一一月）、ボリシェヴィキの部隊は参謀本部のアーチをくぐり、この広場を突っ切って冬宮に入り、臨時政府の閣僚を逮捕した。十月革命が成った瞬間である。ただ、先述のように、ソ連時代の映画で勇ましく描写される、激しい銃撃戦のあと部隊が突入したかのような光景は、誇張である。

ピョートル大帝は最初の冬宮（現在は「エルミタージュ劇場」と呼ばれる建物に呑み込まれて

いる）を建てたあと、そのわきにネヴァ川とモイカ川を結ぶ細い、短い運河を作らせた。これは「冬の小運河」と呼ばれ、今では旧エルミタージュとエルミタージュ劇場をへだてている。この小運河と両側のせまい通路と、運河をまたいで作られたアーチ状の渡り廊下の一帯は、特に何があるわけでもないが、ヴェネツィアに似たロマンティックな雰囲気をもつ一隅として、市民の人気が高い。ピーテル紹介の写真集や、挿絵に必ずと言っていいくらい登場する。

ところで、この渡り廊下は、設計ミスのために崩落するとうわさされたことがあった。これを聞いたエカテリーナ二世は、慎重に調べさせたあと、廊下部分（といっても、ギャラリーと呼べるほどの広さがあるが）で宴会を開いて、堅牢さを誇示したと伝えられる。

海軍省

前に書いたとおり、モスクワ駅前からネフスキー通りの先を見ると、いちばん奥に海軍省の金色の屋根と尖塔が見える。海軍省を起点にして西および南方向へ延びる道路は他に二本あり、それらの通りからも、突き当たりに金色の屋根と尖塔が見える。つまり、街のあちこちから、海軍省は中心部に位置するシンボリックな建物のように見えるのだ。海軍省はペテロ・パウロ寺院とならんで、ピーテルの顔とも言うべき建造物なのである。

一七〇四年、ピョートルはこの場所に造船所の建設を命じ、みずから何度も建設現場の監督にあたった。ネヴァ川岸の東部、ペテロ・パウロ要塞と、現在の夏の庭園周辺だけにかたまっていた家並みが、いよいよ西方向に広がり始めた。このあたりの川幅は広いので、船の進水にはもってこいだったし、海に近いので、要塞としても機能できる場所であった。

当初造船所は木造一階建てで、内庭には船の修理台などがあった。設計にあたったのはイタリア人やオランダ人であった。のちには石造りとなり、当時としては堂々たる造船設備であったが、やがて時代遅れとなり、一九世紀初めに役所として建て直された。

ピョートル大帝が存命中にここで進水した船は四〇隻あった。一九世紀なかば、ここが造船所として機能しなくなるまでの間に、合計三〇〇隻が進水した。古い絵を見ると、船台と製造中の船が描かれていて興味深い。

現在の建物はネヴァ川を背にし、町に向かって三本の通りを放射線状に放つ感じの、大きなものである。なにしろ幅が四〇〇メートルもあるのだ。要所要所にローマ神殿型の列柱を配した部分をもつ、クラシック様式の建物である。

クラシック様式といっても、かなり特異な形をしており、ピーテルの数ある名建築の中でも、個性が際立っている。ロシア式クラシック建築と言ってよいのであろう。

最も目立つのはアレクサンドル庭園と呼ばれる公園に面した中央部で、ここの尖塔があちこちから見えるのである。この部分はアーチ型の通路をもつ門である。トンネル状の基部の上にローマ式列柱に取り巻かれた中層部があり、その屋根にギリシャ・ローマの神々や偉人の像がずらりとならぶ。その上が金色の屋根をもつ時計台であり、そのまた上にペテロ・パウロ寺院と同じような八角錐の金色の尖塔がのっている。

尖塔の先には、造船所創設以来常に、船の形をした透かし彫りが取り付けられてきた。これはピョートル大帝の父親アレクセイ帝がヴォルガ川に浮かべた軍艦をかたどったもので、ロシア海軍の先祖のようなものである。もっとも伝説的なその船は、ステンカ・ラージンの反乱の際に、とらわれて焼かれてしまったのであるが。

ネヴァ川のほうから見ると、海軍省はあまり目立つ建物ではない。両端には低い丸屋根をもった門のような、低い塔のような部分がふたつあり、ときには旗がひるがえっている。

この建物は今でも海軍関係のものなので、中へは入れない。外から、というよりむしろ遠くから見て楽しむものなのである。

デカブリスト広場（元老院広場）

海軍省を中心とすると、冬宮と反対側にあるのがデカブリスト広場である。革命以前は海軍省に向かい合って元老院と宗務院があったので（その建物は現在でもある）、元老院広場と呼ばれた。現在は公園のように芝が植えられており、ネヴァ川に面した側にあるのが、プーシキンが「青銅の騎士」と呼んだピョートル大帝の騎馬像である。デカブリスト広場の、ネヴァと反対側のとなりがイサーク広場で、その中央に豪壮なイサーク寺院がそびえたっている。そのさらに先には、二本の後ろ脚で立つニコライ一世の騎馬像がある。かなり重い彫刻だろうに、通常のように三つの支点をもっていないわけである。そのうしろに、ニコライ一世が愛娘マリヤに贈った宮殿（現・ペテルブルグ市役所）がある。

元老院広場はなぜ、デカブリスト広場と呼ばれるようになったのか。ナポレオン戦争に勝利し、ナポレオン後のヨーロッパ政治に大きな役割を果たしたアレクサンドル一世は、一八二五年一二月に急死した。帝位は弟のコンスタンチンが継ぐはずであったが、彼はカトリック教徒であるポーランド女性と再婚して、帝位継承権を放棄していた。ただ、そのことは公表されておらず、ポーランドにいたコンスタンチンからの正式な帝位継承権放棄の文書がしばらく届かなかったため、不安と動揺が広がった。

おりしも、専制政治と農奴制廃止をめざす高級貴族の若者たちによって組織された秘密結社が運動を活発化させていた。これを知った次の弟ニコライ（一世）は、帝位空白という事態になるのを恐れて急遽位につく決心をし、臣下に忠誠の誓いを命じた。若者たちはこの混乱に乗じようと、元老院広場で近衛部隊が宣誓をするときに、これを拒否して蜂起することに決めた。

彼らは、ニコライがコンスタンチンから帝位を奪ったのだと宣伝し、士官に指導された約三〇〇〇人の兵士が宣誓を拒否した。しかし準備不足だった彼らはその後の行動計画をもっておらず、けっきょく銃砲撃によって粉砕された。

その後世界各地で繰り返された革命やクーデターを経験してしまった現在から見ると、次の手はずもちゃんと決めないままに反乱を起こすというのは、いかにもおろかに思える。しかし当時の人々には、先のことまで入念に準備された蜂起などは思いもよらなかったのだろう。蜂起は自己犠牲をともなう愛国心の発露であり、それでじゅうぶんだった。緻密な理論と作戦をもったレーニンの社会主義革命以来、人類は礼節から離れてかなり悪賢くなったのである。

彼らは一二月(ロシア語で「デカブリ」)に蜂起したので、デカブリストと呼ばれた。主だった指導者五人が絞首刑に、一二〇人がシベリアへ流刑に処せられた。帝政を支えるはずの高級貴族の多数が参加したこの事件は、ロシアの社会と文化に大きな衝撃と影響を与え、文学作品にもさまざまに描かれた。これはロシアで最初の意識的な革命行動とされたので、十月革命後に広場はデカブリスト広場と呼ばれるようになったのである。

ところで、ピョートル大帝の改革は中央行政、地方行政、軍事、経済、宗教、文化政策など、およそありとあらゆる分野に及んだ。彼は戦争に明け暮れたので、自分の不在中の国政をゆだねるため、行政・財政・司法を監督する元老院を設立した。のちの政治制度なら議会に相当するものだろう。その数年後には、行政を担うための参議会を作った。この集合体が現在の政府にあたる。

さらには国民の間で皇帝を超える権威をもっていた教会の力をそぐため、総主教位（カトリック教会の法皇位に相当すると言ってよい）を廃止し、皇帝が長官を任命する宗務院なる役所を発足させた。事実上皇帝が教会を監督・統制できるようにしたのである。ロシア正教会は、西欧の教会に比べると国家への従属度が高くなり、ヨーロッパで教会が社会・国家の近代化にあたって果たしたような機能を果たせないことになった。

一八世紀なかばに、国家と教会の一体性を表すアーチでつながれたふたつのクラシック様式の建物が元老院と宗務院になった。革命後は歴史文書館になっていたが、最近になって憲法裁判所、最高裁判所などの司法最高機関をここへ移転させる決定がなされた。首都機能の一部がペテルブルグに移るわけである。これはピーテル出身のプーチン大統領がピーテルを重視し、その比重を高めるためにとった政策のひとつだと言われている。

青銅の騎士

自分をピョートル大帝の偉大な事業の後継者だと考えていたエカテリーナ二世は、ピョートル大帝にふさわしい像をみずからの命令で建てて、先達に捧げたいと思っていた。計画は難航したが、一二年の歳月をかけてみごとな彫刻が完成した。

エカテリーナはフィンランドで見つけた波頭または絶壁を思わせる巨大な石（長さ約一三メートル、幅約一〇メートル、高さ約一三メートル）を、一〇〇頭の馬でピーテルに運ばせた。ローマ風の衣装に身をつつみ、克服すべき障害を象徴する蛇を踏みつけた馬にまたがって片手をさしのべ、遠くを見すえる像は、この台座の上に設置された。

石にはラテン語で「ピョートル一世、エカテリーナ二世、一七八二年」と彫られている。この像はピョートルの性格、強い意志をよく表しており、それによってその偉大な事業をもたたえる形になっている。これは数あるピョートル像の中でも最高傑作と言われ、ペテルブルグの最も有名なシンボルのひとつとも言える。ひとめ見たら忘れられない迫力である。

ピョートル大帝はおくれたロシアを立ち上がらせた革新者であり、英雄であったが、同時にきわめて残酷な暴君でもあった。彼が作ったペテルブルグの町は豪華で美しい近代都市であったが、同時に多くの矛盾と悲劇を秘めていた。

詩人プーシキンはピョートルの皇帝としての肯定面を評価し、偉大な建設者として賛美するが、同時にこの輝かしい町を建設するために人々がはらった犠牲のことも見逃してはいなかった。彼はこの像が重要な役を演じる「青銅の騎士」というみごとな叙事詩にそのイメージを結晶させた。この作品は、大帝と彼が生み出した華麗な都市への賛歌であると同時に、その偉大さに押しつぶされたあわれな人間を描いた悲劇でもある。

序章で引用したのは、この作品の導入部分である。本編では、この町がもつ重苦しい運命がネヴァ川の洪水という形で現われて、あわれな主人公をうちのめす。彼は洪水によって家も婚約者も、すべてを失い、発狂してしまう。このおそろしい洪水のさなかでも青銅の騎士は超然とそびえている。あわれな男は不幸の源になった人工の町の建設者を罵倒する。すると騎士は、この青年のあとを、ひづめの音高く追いかけまわし、死に追いやってしまうのである。

皇帝《ツァーリ》の顔が　一瞬　はげしい怒りに燃えて
しずかにこちらをふり向いた
ような気が　彼はしたのだ……
ひっそりと人のとだえた広場の上を
走りつつ　彼は背後《うしろ》に聞いていた——

敷石道をふるわせて　重おもしげに高らかに
ひびきわたる蹄の音を――
　雷《いかずち》ともまがうその音を。
青白い月の光に照らされて
片手を高くさし上げて
蹄の音も高らかに
《青銅の騎士》は追ってくる

（木村彰一訳）

イサーク寺院広場

イサーク寺院の南東（青銅の騎士の反対側）に緑地帯をもつ広場があり、それをはさんで向かい合っているのが、アストリア・ホテルと旧ドイツ大使館である。二〇世紀初めに建てられたアストリア・ホテルは、当初から市内随一のホテルとして定評があった。現在でも最高級ホテルである。私は三〇年近く前に一回だけ泊まったことがある。当時は国営旅行社インツーリストのクーポンを買えば泊まれたのだ。

今では内装がすっかり違っているだろうと思われるが、当時は宮殿を思わせるロココ風で、やたらと広かった。単なるツインの客だったのだが、何室もあるデラックスルームに入れられ、バスタブも気をつけないとおぼれかねない広さであった。すべてが豪華だったが、欧米の一流ホテルのように隅々までピカピカで清潔な感じはなく、ややくたびれた感じであった。

レニングラードの有名な伝説に、この町をすぐ攻略できると思っていたヒトラーが、戦勝祝賀パーティーを、旧ドイツ大使館の前にあるこのホテルで開こうとしていた、というのがある。招待状まで準備されていたという、ちょっとありそうな話を聞いたことがあるが、本当はそんなものは存在しないらしい。

第一次大戦のときには、極端な反独感情の中で、このホテルはドイツ人スパイの巣窟だとされ、大使館とホテルは秘密の地下通路でつながっている、とうわさされた。秘密の地下通路というのは、ピーテル伝説のお気に入りのパターンで、あちこちで顔を出す。

その北側にくっついている建物が、もうひとつのホテル、アングレテールである。現在ではアストリアの別館になっていて、こちらのほうが少し安い。このホテルは革命前後の時期にもてはやされた抒情詩人エセーニンが自殺した場所として知られる。ただ、この話も不審な点が多いのだそうである。

セルゲイ・エセーニンは、第一次大戦直前に彗星のごとく現われた人気詩人であった。金髪で典型的なロシア風のやさしい顔をした青年は、ロシアの農村や田園と農民の生活を牧歌的にうたって、爆発的な人気を博した。彼は革命に同調し、ボリシェヴィキに味方するが、ロシア農民の心と暮らしをうたうその作風は、工場と機械と武器を背景とする革命にはいかにもそぐわなかった。

エセーニンはアメリカの有名なダンサー、イサドラ・ダンカンと結婚して外国へ渡り、あちこちでスキャンダルを巻き起こした。帰国後べつの女性と結婚し、モスクワの酒場をのし歩いた。どうしても時代に自分を合わせることができなかった詩人は、酒や麻薬に逃避し、女性に救いを求め、乱交にうつつをぬかした。破滅へ向かってまっしぐらの生活だった。

そして一九二五年一二月二七日、「さらば、友よ、さらば（……）死ぬのはめずらしいことではない。しかし生きているのもめずらしいことではない」という最後の詩を残して、アングレテールの一室で首をつったという。ただ、この公式の説は当初からピーテル住民には信じられていないのだ。

伝説によれば、あちこちで悶着を起こすエセーニンは、国家権力にとって厄介者になっていた。本当は、モスクワからレニングラードに到着した彼はすぐ逮捕され、秘密警察に尋問されたあげく、殴り殺されたと言う。警察は死体をホテルに運んでつるし、自殺を偽装したが、お粗末なことに、宿帳に彼の名を記すことさえしなかった。だから自殺説は誤りだ、と伝説は言う。

いずれにしても、天才は三〇歳の若さで悲惨な最期を遂げた。しかしその人気は今なお衰えず、詩集が繰り返し出版されている。

2　ふたつの教会博物館――イサーク寺院と「血の救世主」寺院

ロシアの底力が凝集

ピーテルにはりっぱで美しい教会がたくさんあるが、特に観光客を（たぶん専門家も）ひきつける別格は、イサーク寺院と「血の救世主」寺院であろう。ここにはロマノフ王朝の、そしてロシアの底力が凝集している。下世話な言い方をすれば、どちらもとてつもなく金のかかった文化遺産である。

このふたつは現在、組織としてはひとつの博物館ということになっており、「イサーク寺院博物館」とその「別館」とされている。ピーテルの博物館長と言えば、一般的には親子二代にわたってエルミタージュ博物館の館長をつとめるピオトロフスキーが有名だが、こちらのブチコフ館長も、長年にわたってこの職にあった、美術関係者の間で尊敬を集める大家である。

ブチコフ博士は体格も顔つきもドイツのコール元首相によく似た偉丈夫であった。私は一度博士をたずね、昼間からコニャックとザクースカ（ロシア風のおおがかりなつまみ）をふるまわれたことがある。気さくな人柄で、クリントン大統領から贈られた"Dear George"と書かれた記念写真を得意そうに見せてくれた。彼の名前はゲオルギーなのである。館長室で私たちと席をともにした学芸員や秘書たちのうやうやしい態度を見ると、博士がいかに彼らに敬愛されているかがよくわかった。

ブチコフ館長はなかなかの経営手腕をもつ人らしく、ソ連崩壊後のロシアがまだ落ち着かず、苦しかった時代に「うちの館員の給料はエルミタージュよりずっと多い」と自慢していた。そういえばイサーク寺院では、ソ連崩壊前後の早い時期から、外国で印刷した美麗な写真集などを大量に販売していた。以前のソ連の印刷はひどいものだったから、ここの絵はがきやアルバムは外国人観光客の間で人気が高く、よく売れた。ただしかなり高価だった。

ブチコフ博士は先年、惜しくも亡くなった。

イサーク寺院外部

金箔をほどこされた巨大なクーポル（丸屋根）をもつイサーク寺院は、数あるピーテルの名建築のうちでもひときわ目立つものである。全体は、空から見れば太い十字架形をした建物だが、外周をつなぐとほぼ正方形となる。中央の丸屋根と、列柱をもった四角い張り出し部分があるが、奥行・左右・高さにあまり差がないので（それぞれ一一一メートル、九八メートル、一〇一メートル）、全体としてはややずんぐりした印象を与える。四つの正面はローマ風列柱のならぶ張り出しポーチ（柱廊玄関）となっている。冬宮をはじめ、ピーテルの有名な建造物の大部分は、石造りのように見えても、レンガ造りの壁の表面に漆喰を塗って着色したものなのだが、イサーク寺院はクラシック様式で建てられた本物の石造りの教会である。内部には大理石その他の高価な石材が多用され、色とりどりの貴石から作られた精巧なモザイクがあふれる。これだけふんだんに金をかけた教会はヨーロッパでもめずらしいのではないだろうか。この教会全体を銀で鋳造したとしても、今のものよりは安くすむだろう、という説さえある。

イサーク寺院

そもそもこの寺院はピョートル大帝によって、自分の誕生日の聖人、ビザンチンの修道士であった聖イサークに捧げるべく建てられた。その由緒は大事にされ、後世に何回も建てかえられた。今のものは数えて四番めにあたる。現在の聖堂は、一九世紀前半に四〇年もかけて建てられたものなのである。

建設開始を命じたのはアレクサンドル一世、建設の主要な時期に三〇年間熱心に関与したのはニコライ一世、完成時はアレクサンドル二世と、建設は三代の皇帝の治世にわたった。設計と建設は、その二年前にロシアに来たばかりの若きフランス人モンフェランに任された。モンフェランは四〇年に及ぶ建設を指揮し、聖堂完成の直後に急死した。そのため、工事の犠牲者に呪われたからだ、アレクサンドル二世に嫌われたからだ、などといろいろな伝説がある。文字どおり、イサーク寺院に捧げた一生であった。モンフェランのほかの作品といえば、宮殿広場に立つアレクサンドルの円柱くらいである。

地盤が軟弱なこの土地に、これだけの重さの建築物を建てるのは困難であった。以前の教会を建てるためにすでに打ち込まれていた一万本以上の杭に加えて、さらに一万本以上の松脂を塗った杭が打ち込まれ、その上に石の土台を築いたのである。土台の工事だけで五年以上かかった。

四〇年間続いたこれだけの大がかりな建築工事は当時の人々の関心を集めた。許可があれば工事現場を見られたので、工事中にこれを見学した人の数は延べ四〇万人を超えたという。当時はこのほかにモスクワとペテルブルグを結ぶ鉄道、ネヴァ川をまたぐ初の恒久的石橋といった大工事が同時進行していた。帝国充実の時期である。

職人と労働者は全国から集まった。子どももふくめた彼らの労働条件は苛酷で、生活は衣食住にわたって悲惨だった。墜落事故も相次いだ。特に危険だったのは水銀を使ったクーポルの金箔工事で、何十人もの職人が水銀ガスの犠牲になった。当然ながら労働者の不満は強かった。デカブリストの乱のときに、建設労働者は反乱部隊を支持して、険悪な状況を作り出したほどである。

モンフェランは、ロシアの労働者を高く評価することばを残している。「ロシア人労働者は正直で、勇敢で、がまん強い。彼らはすばらしい頭脳をもち、善良で勇敢である。彼らは危険な作業を特に好む」。数々の悪条件に耐えてあのように巨大な建造物を完成させた当時の作業員の質は高かった。現に建設後一五〇年たっても、聖堂はびくともしないのである。

外壁は花崗岩、内壁は大理石だが、その内部は幅が二・五〜五メートルもあるレンガ造りで、合わせて通常の建築物の壁の四倍にあたる厚さがある。軟弱な地盤の上に、なぜふつう以上に重い壁を作ったのであろうか。寺院は自分の重みで年々沈んでいる、という伝説が生まれるのも無理のないところである。

それだけの建築物なので、困難な工事の連続だったが、そのうちのひとつが外側の列柱になる石材の運搬と、現場で柱を垂直に立てる作業であった。長い柱を立てるための大がかり

凍ったネヴァ川本流を描いた絵。正面がイサーク寺院、右は元老院・宗務院

な装置の模型が今も聖堂内にある（「アレクサンドルの円柱」の場合と同じ）。東西南北合計四八本の柱はどれも一枚岩（つなぎ目のない石）で、直径一・八メートル、高さ一七メートル、重さが一一四トンもある。よくもまぁ、こんなものを四八本も立てたものだ、というのが当時これを見た人の偽らざる実感であろう。

　金箔をほどこされた高い丸屋根は、あたりを睥睨《へいげい》するかのようにそびえ、町のあちこちから見える。その丸屋根の下、約六〇メートルの高さの回廊に登ることができる。建物本体の四隅には四本の鐘楼があるが、そのうちの一本のらせん階段を登ってから堂外へ出て、外部に組まれた足場のようなところにある階段を登るのである。ここを一息に登ると息が切れるが、ピーテルの中心部が一望できる絶景である。

ピーテルには町を俯瞰《ふかん》できる展望台が他にはないこともあり、ここに登らずしてピーテルの景観を語ることはできない。私は各地を旅行すると、できるだけ高いところから町の全体像を楽しむことにしている。ヨーロッパの古い町でいちばん高い建物はたいていの場合、教会である。ウィーンのシュテファン寺院やセヴィリヤのカテドラルの塔からの眺めもよいが、人工都市ペテルブルグの道路の幾何学模様と、そこに点在する名建築がかもし出す見事さは、ちょっと他に例がない。

イサーク寺院内部

イサーク寺院は、ロシア正教の教会の様式と西欧式教会の様式を融合させためずらしい寺院である。ロシア正教では彫刻作品への礼拝は偶像崇拝につながると考えるので、聖堂内部にふつう彫刻の像は存在しない。その代わりイコンと呼ばれる聖画が崇拝の対象とされてきた。古いロシア教会ではイコンを飾るだけではなく、内部の壁も柱もフレスコの聖画におおわれている。

イサーク寺院も当然ながらロシア正教なので、原則的には同じである。広大な壁面にモザイクの巨大イコンがはめ込まれ、壁と柱が同じくモザイクの聖画で飾られている。しかし画

イサーク寺院の外観

像の様式は古代・中世ロシア風ではなく、近代ヨーロッパ絵画風なので、「露洋折衷」の不思議な雰囲気をかもし出す。しかもアーチや柱の部分には、ロシア教会の伝統を破ってかなりの数の彫刻もおかれ、全体としてはロシアというより、ヨーロッパ風カトリック教会の雰囲気が強い。

聖堂の内装はおどろくべき豪華さである。最も多く使われているのは大理石だが、柱の表面や装飾に、高価な孔雀石や天藍石（ラズライト）などの準宝石がふんだんに使われている。

ピーテルでは孔雀石は宝石箱、飾り戸棚、テーブルなどの形で、あちこちで目にすることができるが、一般のレベルでは指輪に使うほどの高価な石材である。あれは通常見られるような模様と形で掘り出されるのではなく、異物も混入した不規則な原石から薄片を取り出し、磨いた上であのみごとな渦巻き模様を作るように職人がはりつなげるのである。エルミタージュには孔雀石の巨大な壺があるし、柱の表面をこれでおおった孔雀石の間というのがある。イサーク寺院では、この石がなんとその孔雀石の間より大量に使われているのである。

この聖堂の雰囲気は伝統的なロシア正教の教会とはまったく異なっている。たとえばモスクワ・クレムリンにいくつかある古い聖堂や、ロシア正教の総本山トロイツェ・セルギエフ大修道院（モスクワ近郊）の聖堂に入ると、中は薄暗く、柱は太く、壁は分厚く、そこには一面に古い様式のフレスコ画が描かれている。全体は荘厳で、やや重苦しい雰囲気である。

イサ！ク寺院では、天気がいいときなら、クーポルの中層に作られた多数の窓から陽光がさし込むので、丸天井とその下部の大空間は明るく照らされ、彫刻やモザイクの壁画や貴石をはった柱が光ってきらびやかな効果を生み出す。荘厳ではあるが、明るいのである。

ロシア・イコンの様式に従ったモザイクや壁画もあるが、図柄はほとんど近代ヨーロッパ絵画である。しかも躍動的な天使や聖人の彫刻が多数ある。建物の外見はクラシック様式だが、内部ではいろいろな様式がまじり合っている。クーポルの内側はバロック、内部のドアはルネッサンス様式だ。こんなことも華やかさをかもし出すのかもしれない。

大洪水、最後の審判、アダムとイヴなど、旧約聖書の題材や、新約聖書にちなんだ題材の数々を描いた巨大な壁画はすべてモザイクである。堂内は低温多湿で絵画がいたむため、壁にはめ込まれたイコンや、その他多くの絵画がモザイクにとって代わられた。モザイクと言えばイタリアのラヴェンナや、ギリシャの各教会にある中世のものが有名だが、イサーク寺院のそれはかなり趣が異なる。

西欧のロマネスクおよびそれ以前の教会やビザンチンのモザイクは、比較的大きな一片から作られているばかりでなく、図柄も様式的であり、写実性はうすい。こうしたプリミティヴな図柄も独特の魅力をもつが、ここのモザイクはまるで様子が違うのである。多数の色の膨大な数の小片が精巧に組み合わされているので、色のぼかしもふくめてきわめて写実的となり、ちょっと離れて見ると油絵のようで、とてもモザイクとは思えない。またここにはロシア正教聖堂では数少ないステンドグラスの窓がある。

この大聖堂はその豪華さゆえだろうか、ソビエト時代も博物館として比較的きちんと維持された。あまり語られないが、爆破・破壊されたり、まったく放置されて荒れはてた教会はじつに多いのである。もっともソ連時代には、宗教を否定し、「科学的精神」を誇示するために、クーポルの下の高い空間に、地球の自転を証明するフーコーの振り子が設置されたようなこともあった。

レニングラード包囲戦の際、この最も目立つ建物は爆撃・砲撃の格好の目標とされたはずだが、幸いにも破壊は免れた。すぐそばにドイツ大使館があったからだとも、砲撃の照準に利用するために、ドイツ軍にとって必要だったからだとも言われている。

「血の救世主」寺院の成り立ちと再生

「血の救世主」寺院、荘厳な外観

ネフスキー通りを中心部に向かって歩いて、グリボエードフ運河にぶつかったところで右側を見ると、ちょっと先にキリスト復活教会、一般には「血の救世主」と呼ばれる寺院の威容が目に入る。ロシアをあまり知らない人が見ると、モスクワは赤の広場にある有名なワシーリィ寺院（一六世紀なかばに建設）にそっくりだという印象をもつかもしれない。しかしこれは、古い様式に従ってはいるが、一九世紀末から二〇世紀初頭の建築・工芸技術を駆使して建てられた、ロシア装飾建築物の粋であり、ぜったいに見逃すわけにはいかない名所である。

農奴解放令を出して「解放者」と呼ばれた改革志向の皇帝アレクサンドル二世が、一八八一年、テロリストの爆弾によって命を奪われた。これはみずからの命を犠牲にして人々を救ったとされるイエス・キリストの事績に通じるものだということで、その現場であったグリボエードフ運河（当時はエカテリーナ運河と呼ばれた）沿いの道路の上に教会が建てられることになった。

二世の息子である皇帝アレクサンドル三世の強い希望により、一六世紀のロシア教会の様式が踏襲された。設計案が募集され、コンクールがおこなわれた。一八八三年に起工され、一九〇七年に完成した新しいものである。だからこそ、見逃せないほどすばらしく、おもしろいのだと言える。

皇帝の死を悼《いた》む全国民から集められた寄付で建てられたというのは伝説で、実際の費用は市当局と帝室が負担したらしい。一般からの寄付の額はわずかだった。しかしアレクサンドル三世は、父親を追悼するために費用を惜しまなかった。

外見全体は非対称で、ワシーリィ寺院と同じように何本ものネギ坊主がにょきにょき立っているように見える。しかしちょっと注意すると、中央の大きなクーポルと、それを取り巻く四つのクーポルおよび、やはりネギ坊主の鐘楼（二番めに大きい塔）と数本の小さな塔をもつ、比較的均整のとれた構造をもっていることがわかる。

一六世紀と比べると建築技術が格段に進んでいたので、教会内部の空間は広いし、窓が多いからそれほど暗くない。たくさんのふぞろいな塔をもつワシーリィ寺院の内部は、それらを支えるための壁が縦横にめぐらされていて、ホールが非常に狭いのである。あれは教会というよりも、外見を主眼にした記念碑である。

聖堂内部のいちばん運河寄りの部分は、アレクサンドル二世が爆弾を投げつけられた場所であり、舗道敷石と鋳鉄製手すりがそのままの形で再生保存されている。もとの舗道の高さなので、堂内の他の床面より数段低くなっている。壁はその外側に作られたので、教会は運河に少し張り出すことになった。運河沿いの川岸通りは当然、教会にさえぎられることになり、道路はその外側を迂回するように作り直された。

教会の外壁に、二〇枚の石板が配され、金文字でアレクサンドル二世が生まれてから死ぬまでの業績が記されている。教会の西側、運河に面したところには、八角錐の塔をもつ古代ロシアの宮殿の形をした入り口が、建物の装飾としてつけられている。

爆破して撤去する計画

革命後、一九二〇年代にイサーク寺院が閉鎖されると、この教会は主教座（本山）となったが、一九三〇年に、共産党の反宗教政策によって閉鎖された。この教会はその建設由来のために、社会主義政権から特にじゃけんに扱われた。戦後は劇場の舞台装置を入れる倉庫とされたほどである。

前にご紹介したグリゴリー・ロマノフの前任のレニングラード州共産党委員会第一書記トルスチコフの時代に、この教会を爆破して撤去する計画がもち上がった。川岸通りをふさいでいるので、交通の障害になっている、というのがその理由だった。

これを聞いたブチコフ博士は共産党本部へ出かけ、これは貴重な文化財であり、いわば国民の財産なのだから、その計画を撤回してほしいと第一書記に訴えた。全能の共産党にたてつくのだから、命懸けである。博士は緊張と興奮のあまり、心臓発作を起こしてその場に倒れてしまった。

それを見てトルスチコフは「この野郎はどうせ間もなくくたばるだろうから、うるさいやつがいなくなったところで爆破しよう」と言ったそうであるが、間もなく自分のほうが失脚してしまい、計画は沙汰やみになった。

親しくしているペテルブルグ文化大学の学長に、この話は本当か、とたずねると、彼はまじめな顔をして「本当だ。しかも続きがある」と言った。ソ連が崩壊し、旧共産党が消滅したあと、ブチコフ博士を訪ねてきた老人がいた。すっかりおとろえ、尾羽打ち枯らしたトルスチコフだった。「あれは君が正しかった。ありがとう」と言ったそうである。

私はこの学長を深く尊敬するものであるが、この続きの部分が本当かどうか、他人に請け合う自信はない。

この聖堂は一九七〇年に「イサーク寺院」博物館別館とされ、ブチコフ博士の管轄下に入った。以後三〇年近く復旧作業が続けられたので、いつ行っても足場におおわれていて、見学できなかった。作業が終了して、その驚くべき姿を公衆に見せるようになったのは一九九八年のことである。

聖堂は荒れ果てていたので、作業は石の取替え、洗浄、欠落箇所の穴埋めから始めなければならなかった。無数の損傷を受けた、精巧なモザイクの復旧に膨大な時間がかかったのはいうまでもない。

「血の救世主」寺院の外装と内装

現場でこの教会を目のあたりにすると、圧倒され、興奮してしまって、外装の細部までなかなか注意がまわらない。それに上のほうは遠くになるのでよく見えないし、運河側の装飾は対岸から見ることになるので、もっと遠い。悲しいかな、なんだかものすごくおおげさで、ごてごてした教会だぞ、という程度の印象に終わってしまう。

しかしクローズアップされた写真をおちついて見ると、細部にいたるまで凝りに凝っていることがわかる。わび・さびを旨とするわが国の寺院建築とはまったくの別世界である。外壁はうわぐすりをかけたレンガ、ヨーロッパ各地から運んだ大理石や花崗岩などの何種類もの石で作られた、形と色の饗宴である。

多数の窓、窓枠の装飾、たくさん設けられたアーチの半円状の壁にはめ込まれたモザイクの聖画、外壁に配された多数のモザイクのロシア諸都市の紋章、あちこちに浮かび上がる装飾用の柱。クーポルのネギ坊主はあるいは金箔におおわれ、あるいはねじりあめのような形をもち、あるいは突起をつけた石でおおわれている。ほとんどガウディ建築の装飾のような印象である。外装だけでも、人の度肝を抜くにじゅうぶんの迫力なのだ。

ところが、内装はもっとすごい。

内部に多数あるイコン、絵画、装飾模様はすべてモザイクであり、その総面積は七〇〇〇平方メートルに及ぶ。これらは伝統的なロシア・イコン様式のもの、クラシック・アカデミズムに沿った絵画のようなもの、きわめてリアルなもの、モダン様式（アール・ヌーヴォー）の絵と装飾など、じつに多彩である。それらが古いロシア教会の場合同様、ロシア様式の堂内の壁面と柱を埋めつくし、全体としてどこにもない幻想的雰囲気の空間を作り上げている。造形を構成するモザイクは、それほど細かい一片からできているわけではないが、各細片の色とその組み合わせがじつに巧妙で、ちょっと離れたり、目を細めてみると、おどろくべきリアリティーをかもし出す。たとえばアレクサンドル・ネフスキーの甲冑は、完全に金属の質感を生み出しているし、型どおり聖母マリアに抱かれた少年イエスのまなざしには近代絵画が用いる心理描写と同じものがうかがわれる。アール・ヌーヴォーの代表アルフォンス・ムハ（ミュシャ）ばりの装飾があちこちにちりばめられている。

これらのモザイクの下絵を作成したのは、当時の一流の画家たちである。すでにふれたがたとえば《三人の豪傑》《灰色の狼に乗ったイワン皇太子》《イーゴリ公の会戦のあと》（いずれもモスクワのトレチャコフ美術館所蔵）などで知られ、民話の世界を好んで描いたヴィクトル・ヴァスネツォーフ。中世ロシアの農民生活や、当時の宮廷の風俗などを描いたアンドレイ・リャーブシキン。北国の森や野原を背景に、祈りと瞑想にふける修道僧や聖人を幻想的に描いたミハイル・ネーステロフなど。

この画家たちの油絵と同じ雰囲気を伝えるモザイクが堂内を埋めつくしている。そして画像の周辺や柱には、まさにアール・ヌーヴォー風の花模様が隙間もなく描かれている。これらのモザイクに用いられている小片はそれほど細かくないから、モザイクであることをわざと見せつけているような感じがする。それでいてヨーロッパ中世やビザンツのモザイクとはまったく異なる、リアルなアール・デコ。なんとも不思議な世界である。

ひとつだけ例をあげると、ネーステロフの原画による復活したキリスト（主祭壇右側）は、大きな目、赤い唇、肌色の肌、ピンクの乳首をもち、エロティシズムとしか言いようのない雰囲気をもつ男性の半裸身像である。

この聖堂はもちろん、ヨーロッパのアール・ヌーヴォー運動からはかけ離れた位置にあるが、同時代の様式を宗教美術の形で後世に残した、きわめてユニークなギャラリーになっているのである。寺院建設の由来も歴史的に興味深いが、私がここを必見と考えるのは、美術・工芸上の特殊な性格による。

ネギ坊主の内側もびっしりとモザイクでおおわれている。壁の下部など、モザイクがはられていない部分は、イタリアの大理石やウラルの碧玉でしつらえられている。

こんな稀有の文化財をこわす気になるのだから、排他的イデオロギーというのはおそろしいものである。

3　彩なす対岸——ワシーリィ島あちらこちら

島の先端部

エルミタージュと海軍省をへだてる通りの先にかかっているのが宮殿橋で、そこを渡るとワシーリィ島である。手前の川岸通りから見ると、ネヴァ川の対岸のこの島に、さまざまな色と形の美しい建物がならんでいるのが見える。取引所（現・海軍博物館）、クンストカメラ（現・人類学民族学博物館）、科学アカデミー、参議会（現・ペテルブルグ大学）、メンシコフ邸、芸術アカデミー（現・美術大学）などである。この島はピーテルの学術と教育の中心部と言ってもよい。

しかし短期駆け足の観光客にとっては、ワシーリィ島はそれほど魅力的な場所とは言えないかもしれない。お仕着せのツアーでは、ネヴァ川の背景として見た対岸からの光景と、橋を渡って、昔は灯台だった柱が建つ広場でバスをおりて写真を撮ったことくらいしか記憶に残らないだろう。

ガイドは、この広場のところに昔あった船着場のことや、二本の灯台の柱とその根本にある彫刻の意味などを一所懸命に説明するのだが、バスをおりると、前に取引所のギリシャ神殿風の建物、振り返ればエルミタージュ、海軍省、イサーク大聖堂などを中心とする景色があまりにも美しいので、誰もがその写真を撮るのに夢中になってしまい、ちゃんと説明を聞く人はあまりいないようである。

この場所は島がネヴァ川に突き出した先端部に作られた公園であり、別の方角にはペテロ・パウロ寺院の塔も見えるので、誰でも記念写真を撮りたい衝動に駆られる。高所ではないが、展望台みたいなところなのである。時間の余裕があれば、パラソルの下でビールを飲むこともできる。難を言えば、みやげ物売りがうるさく寄ってくることだろうか。

ここはそういう典型的な観光名所だが、この島はこれ以外にも多数の名所旧跡をもつだけでない。早くから建設されたために、豊富な話題にあふれている。魅力たっぷりのこの島を軽視してはもったいない。

島にはネヴァ川と平行してボリショイ（大）通り、スレードニイ（中）通り、マールィ（小）通りという長い道路が走っている。これに直角に交わるように、番号のついたリニヤ（ライン）と呼ばれる通りが多数ある。碁盤のように、と言いたいところだが、三本しかない「通り」の間隔とたくさんあるリニヤの間隔が違うので、ひとつのブロックは、正方形をふたつみっつ合わせたような細長い形になる。

不思議なことに、リニヤには「二番と三番」「四番と五番」のような二重の番号がついている。かつてこれらの通りは運河だったので、番号は運河（通り）そのものにつけられたのではなく、両岸にならぶ建物の列につけられたものなのである。だから今では、通りの名称が二重になってしまった。

ピョートル大帝はこの島を、整然と運河で仕切られたアムステルダムのような町にして、新首都の中心にしようとしたのであった。その構想は実現せず、運河もうまく機能しないために埋められてしまったが、島は独自の発展をとげた。

成り上がり宰相メンシコフ

だからこのあたりの建物のいくつかは、ピョートル時代の古いものである。たとえば、めずらしいものを好んだピョートルが多数集めた博物学上の標本を納めるクンストカメラ（塔のある青い建物）、宮殿と呼ばれている黄色のメンシコフ邸、今は大学の一部になっている、四〇〇メートル近くもある、参議会のとてつもなく長く、赤い建物などがそうである。

ロシアを近代化しようとしたピョートルは、行政府として参議会（省にあたる）を創設した。各参議会が一列にくっついてならぶ建物を作るように命じられた側近メンシコフは、伝説によると、その建物の向きを変えてしまった。本来ネヴァ川に沿って延びるはずだったのが、ほうびとしてその建物より先の土地を大帝から約束されたので、もらい分をふやすために、川に平行ではなく、垂直方向に延ばしてしまった、というのである。

これを知ったピョートルは激怒してメンシコフを棍棒で殴った、というのだが、この話、あまりあてにならない。伝説は、図にのったメンシコフがちょくちょくピョートルの命令にそむき、ピョートルはそのたびに怒って彼を「愛用の」棍棒で打ちすえるのだが、結局のところは、昔からの側近を毎回許した、というパターンが好きで、あちこちで繰り返されるからである。もっともピョートルがこの臣下に重責委任と懲罰を繰り返したのは事実らしい。特にピョートルの晩年には、メンシコフの地位は危なかったという。

私が昔習ったロシア語の先生はレニングラード大学文学部の出身で、この細長い建物で授業を受けた。遅刻して長い廊下を走る学生がいたが、途中で息が切れてしまう者が多かったそうである。それほど長い建物なのだ。

自分の生活に関しては質素だったピョートルは、前にも書いたとおり、町なかに大きな宮殿は建てなかった。メンシコフ邸は、当時ペテルブルグ最大の「宮殿」だった。ピョートルが好んだ、有名なドンチャン騒ぎの宴会は、しばしばここで催された。

流刑

少年時代、宮廷内の権力闘争のためにモスクワ郊外の村になかば追放されていたピョートルは、遊び仲間を集めて戦争ごっこに熱中していた。この一団は近くの居留地に住む外国人から訓練を受けて、次第に戦闘能力をそなえた本格的な部隊に育ってゆく。

強い仲間意識で結ばれた彼らの中から、のちに皇帝側近になる者が多数出た。その中でも特筆されるのが、もとはピロシキ売りだったメンシコフであった。頑健な肉体とすぐれた才覚にめぐまれた彼は急速にピョートルの信頼を得て、その後変わることのない側近ナンバーワンとなった。ついには公爵の位を授けられた、最大の成りあがり者である。

新都建設開始の直前、スウェーデンとの戦いの陣中で、ピョートルはメンシコフが小間使い兼側女としていた美しい女性に目をとめると、有無を言わせずに彼女を取り上げてしまった。当初は単なる夜伽の相手にすぎなかったこの女性は、美しさと善良な性格と献身的な忠誠心で皇帝の心を射止め、ついには正式に皇后となり、ピョートルの死後は、メンシコフらにかつがれてロシア皇帝エカテリーナ一世となってしまった。

ピョートルとメンシコフは、こんな因縁でも結ばれていたのである。ペテルブルグ建設にあたっても、彼はさまざまな重要な働きを示し、ペテルブルグの初代知事に任命された。彼の権勢には当時、ならぶ者はなかった。

絶対的独裁者ピョートルは後継者を指名しないままに死んだ。通常なら帝位を継ぐのは、拷問で殺された皇太子アレクセイの息子、九歳のピョートルのはずであった。しかしそうなれば、モスクワに陣取る古い家柄の大貴族たちが実権を握り、メンシコフのような成り上がり貴族は一掃されてしまうだろう。

これを防ぐには、同じく成り上がり者である皇后エカテリーナを皇帝にしなければならない。しかしこの皇后は下層階級の出であるだけでなく、ロシア人ですらなかった。しかもロシアにはそれまで女帝が存在したことはなかった。こうした何重もの悪条件をくつがえしたのは、メンシコフを先頭とする新興貴族たちの必死の生き残り作戦と、ピョートルとともに何回も戦場におもむいた彼女が、将校や兵士の間にもっていた絶大な人気であった。

新興貴族たちはエカテリーナを支持する近衛部隊を、後継者決定がおこなわれた宮殿に動員し、その圧力のもとでエカテリーナの即位を決めてしまった。これがクーデターによる第一回めの女帝誕生劇であった。

しかし、エカテリーナはこのあとわずか二年あまりしか生き延びなかった。次の皇帝は一一歳になっていたピョートル二世であった。当然ながらメンシコフはこの少年、皇帝ピョートル二世を自分の統制下におくよう、万全の措置を講じ、娘をその婚約者とした。

だが、権力に酔ったメンシコフに油断があったのだろうか。彼を嫌った少年は、あっさりと彼を罷免してしまい、メンシコフの敵たちはその好機を逃さなかった。メンシコフはすべてを剝奪され、シベリアの寒村へ家族もろとも流刑となった。

モスクワのトレチャコフ美術館には、流刑地で鬱々とした日をおくるメンシコフとその家族を描いたスリコーフの絵がある。前にも述べたとおり、ロシアにはこの種の歴史的場面を描いた大作が多い。いずれもたいへん写実的に描かれているので、ロシア史の知識があると興味は尽きない。美術館のガイドの解説は事件の背景や、人物の心理などを好んで取り上げるから、美術的というよりたいへん文学的・歴史的になって、歴史小説のようにおもしろい。

メンシコフ邸を見学しようと思ったら、一日何回かおこなわれるガイドつきツアーに参加しなければならない。短期旅行者には参加がむずかしいかもしれないが、これはなかなか見ごたえのあるツアーである。

この建物の様式はピョートル期バロックと呼ばれる。これより数十年あとに現われた、バロック様式が花開いたような、冬宮（エルミタージュ）やエカテリーナ宮殿のきらびやかさはないが、どっしりとした部屋の作り、豪華な壁紙、金箔ばりの建具と家具、ヴェネツィア製の鏡、水晶のシャンデリア、多数の絵画などは、往時の財力をうかがわせる。

路上の名物

メンシコフ邸にならんで、ネヴァの川岸通り沿いには、科学アカデミー、ピョートル二世の宮殿、芸術アカデミー、アカデミー会員の家、海軍大学などがならぶが、公開の博物館などになっているところでなければ、中には入れない。由緒ある建物がたくさん残るピーテルには、そういうものが多い。今でも本来の用途、またはなんらかの目的に使用されているのだから、全部観光客に公開せよ、といってても無理なことである。

しかし、公開されているものだけでもとても見切れるものではないし、外から見るだけでもおもしろいものはたくさんある。たとえば、アカデミー会員の家。ここには何代にもわたって世界的な大学者が住んだ。今でもペテルブルグ大学の教授たちが住むアパートであるから、中へは入れない。ただ、この家の外壁には、なんと二六枚（二〇〇〇年現在）もの記念プレートがはってあるのである。

ヨーロッパの町はどこも銅像や記念碑が好きで、古い町ともなるとそれがおびただしい数にのぼるが、この点でもピーテルはひけをとらない。しかも、銅像を建てるにはいたらないような場合には、記念銘板をはるという手を使うのである。たとえば、「何年から何年まで、この家には作家の誰々が住んでいた」などと彫り、横顔などをレリーフに刻んだ金属や石のプレートを外壁にはるのである。銘板は町じゅういたるところにあるが、「アカデミー会員の家」は、おそらく最も多数の銘板がはられた建物だろう。

スフィンクス

ピーテルの川や運河の所々には、石段でおりて行くようになった船着場がある。芸術アカデミーの前にあるものは特に有名である。その両側に、一八三二年にエジプトからもって来た本物のスフィンクスが一対向かい合っているからだ。

これは三〇〇〇年以上も前に、はるかなる南国で作られた異教の神である。伝説好きのピーテルに来て、多数のあらたな伝説につつまれることになった。生まれ故郷から離れた北国につれて来られたスフィンクスは運命を悲しみ、人を呪う、という。

たしかに薄暗い冬の雪の日などにはあまり近づきたくない雰囲気をもっているが、夏の明るい日差しのときには、恋人たちが何にあやかろうというのか、手をかけて記念写真を撮っている。今ではピーテルの街にすんなりと溶け込んでいるように、私には思える。なにしろここは幻想の町なのだから。

ワシーリィ島のスフィンクス像

ピーテルにはこのほかにもいくつか後世に作られたスフィンクスがある。その中でとりわけおそろしいのは、ソ連崩壊後に、当時アメリカに亡命していた彫刻の世界的寵児シェミャーキンが作った「政治的弾圧の犠牲者たちへ」と名づけられた、これまた一対のスフィンクスである。これはワシーリィ島ではなく、エルミタージュ前の川岸通りをしばらく行ってリテイヌィ橋をすぎたあたりにある。

これは名称どおりの目的で作られたもので、帝政時代とソ連時代の犠牲者たちの名前や、彼らが書き残したことばを記したプレートがはめ込まれている。この像は遠くからではわからないが、顔がたてに二分されていて、半分はどくろになっている。わき腹にはあばら骨が浮き上がっているが、乳房だけは奇妙に豊満で気味が悪い。骸骨やデフォルメした人体が得意な、いかにもシェミャーキンらしい像である。

この像がある場所の対岸には、「クレスティ」と呼ばれる帝政時代の政治犯の監獄があり、今でも赤いレンガ造りの威容を見せている。こちら側の背後には、その場所からは見えないのだが、市民の間で「大きな家」と呼ばれるKGBのレニングラード本部のビルがあった。この像はふたつの弾圧機関の中間を選んで設置されたのである。

海軍大学

ちょっと脱線したが、ワシーリィ島の川岸通りへもどってもう少し先へ行くと、海軍大学の堂々たる建物がある。もちろん中を見ることはできないが、これはたいへんに由緒ある学校である。ロシアは昔から大陸国家、陸軍国家と思われてきた。全体としてはそうに違いないが、海洋大国でもあったことは忘れられがちだ。ピョートルは海を介して世界に雄飛しようと考え、海軍を育てたのである。

幕末の日本に開国を迫った船のうち多くは、はるばるヨーロッパからやってきたロシア軍艦であった。日露戦争開戦時の極東艦隊は、日本の連合艦隊と互角以上の規模をもっていた。バルチック艦隊は日本海で歴史的な大敗を喫するが、連合艦隊をはるかに上回る大艦隊だったのである。

海軍国ロシアの中心はいうまでもなくペテルブルグだった。その人材を育て上げたのが、この海軍大学なのである。クリミア戦争で活躍したナヒーモフ提督、幕末の日本に二年間捕らわれの身となったゴロヴニン、作曲家として名を残した海軍士官リムスキー＝コルサコフ（その兄も海軍軍人で、プチャーチンについて幕末に来日している）などなど。そして、ロシア初の世界一周航海を成し遂げたクルゼンシテルン。

このクルゼンシテルンの像が大学の前に立っている。彼が偉大な航海者であったのはたしかだが、近・現代ロシア史三〇〇年のあいだに登場した多数の歴史的重要人物の中で、特に傑出した存在とは言えない。しかしこの銅像はピーテルの数ある銅像の中で、大変人気が高い。腕組みをしながらちょっと首を傾けて物思う姿が、なんとも格好いいからに違いない。

川岸通りが終わるところに大きな船が繋留されている。博物館となった砕氷船クラーシン号である。これはイタリアのノビレ探検隊の救助活動に参加し、史上初めて冬季に北極海を航海した有名な砕氷船である。第二次大戦後に大改装され、今では浮かぶ博物館になった。

あと少し行けば海になるはずだが、そのあたりは立ち入り禁止地区なので、海を見たかったら、べつの道を行かなければならない。

生活の町

ワシーリィ島は大きな島なのに、地下鉄駅がひとつしかない。こんなことも、外国人旅行者がこの島にあまり縁をもてない理由のひとつである。

ワシレ・オストローフスカヤという、ロシア語ができないと発音しにくい地下鉄駅を出ると、そこは市電の走るスレードニイ（中）通りと並木道の歩行者天国六・七番リニヤの交差点である。このあたりにはこれといった名所はないが、このリニヤは歩行者天国なので、左右をゆっくり楽しみながら歩ける、しゃれた商店街なのだ。ピーテルに歩行者天国商店街はあまりない。ネフスキー通り沿いには三つあるが、ここがいちばん長く、並木まであってりっぱだから、わざわざ行ってみるだけの価値がある。

当局はソ連時代から、この地区をワシーリィ島における市民生活の目玉の場所と考えてきた。だから整備も行き届き、歩いていて気持ちがよい。特に最近の修復はめざましい。左右の商店も気がきいているし、ところどころにベンチもある。新しいものではあるが、悪くない銅像がいくつか建っている。「ネフスキー通り」駅のとなり駅なのだから（まもなく途中にもう一駅開設されるらしいが）、人が住む街の活気を味わうのならぜひ行ってみたいところである。

ところで、ピーテルでもモスクワでも、ロシアの地下鉄の駅の間は、どうしてあんなに離れているのだろう。場所にもよるが三キロ以上もあるのだ。大都会なのだからもう少し小刻みに止まってくれないと、歩く距離がふえてたいへんだ。

市電やバスも、他のヨーロッパの町に比べるといろいろな点で利用しにくい。路線タクシーと呼ばれる一〇人乗りくらいのミニバスがあり、慣れると便利なのだが、時間があてにならないし、路線図もないので、かなり慣れないと使いこなせない。社会主義体制崩壊後、ピーテルはずいぶんよくなったが、ヨーロッパの一流都市と比べると、生活の便という点ではまだまだ見劣りすることが多い。

さて、六・七番リニヤをぶらぶら歩いていくと、ボリショイ（大）通りとの角にしゃれた教会がある。一七三一年に創立された（現在の建物は一七八一年建造）アンドレイ寺院である。ここは一八世紀末から、聖アンドレイ勲章受勲騎士団の教会という地位を獲得した。バロック・クラシック折衷様式のふたつの塔をもつこの教会は、重々しい教会が多い中で、軽快な感じをただよわせている。色もピンクである。教会は比較的よく保存され、その名称の復活もエリツィン大統領時代に認められた。

ボリショイ通りを越えたはす向かいにある長い建物は、一八世紀なかばからあるアンドレイ市場である。この市場と商店街のおかげで、六・七番リニヤは昔からワシーリィ島の商業の中心だった。建物の姿はだいぶ変わってしまったようだが、市場は今も生鮮食料品市場として健在で、外国人観光旅行者にもじゅうぶん楽しい。

さらに歩くと、二ブロックで川岸通りの「アカデミー会員の家」のところに出る。このあたりから見る対岸の景色もすばらしい。海軍省とイサーク寺院からこちら、シュミット大尉橋寄りも、由緒ある堂々たる建物がズラリと偉容を誇っているのである。

対岸の川岸通りにはイギリス人が多く住んだので、アングリースカヤ（英国）川岸通りと呼ばれた。歴史を無視した社会主義時代には、もちろん赤軍艦隊通りと改名された。十月革命の際、有名なオーロラ号がここに繋留されていたからである。この通りは一九九四年に旧名にもどされた。古い名称を片っ端から革命家や共産党関係の名前に変えたので、どれが何やらわからなくなっていたピーテルのたくさんの通りや施設が旧名に復し、歴史との結びつきを取り戻した。

国際都市ピーテルには、オランダ、イタリア、オーストリア、ギリシャ、スウェーデンなど外国の名を冠した通りや広場があり、今またその名前で呼ばれるようになった。まだじゅうぶんとは言えない国際的性格も徐々に取り戻されるのだろうか。

社会主義の破壊と汚染から立ち直ったのは、建築物だけではないのである。

4　宮殿・聖堂ではないけれど——見逃せない「マイナー」な名所

地下鉄で一駅

南北に延びる地下鉄二号線の「ネフスキー通り」駅の北どなりはゴリコフスカヤ駅と呼ばれる。すぐそばに作家ゴリキーが住んだ家があり、像が建てられているからであろう（「ゴリコフスカヤ」は「ゴリキー」から作った形容詞）。ペテロ・パウロ寺院を左手に見ながらトロイツキー橋をわたると、その先は北へ延びる大通り（カメノ・オストローフスキー通り）であり、地下鉄駅はその起点に位置している。

その少し川寄りに（厳密には、緑地帯をはさんだべつの通りなのだが）、ペテルブルグを訪れたことのある人なら誰でも知っている、真っ青な丸屋根のイスラム寺院がある。その寺院からひとつおいて次の建物が、現在は政治史博物館となっている旧クシェシンスカヤ邸である。ニコライ二世の結婚前の愛人だったバレリーナ、マチルダ・クシェシンスカヤが所有していた。

このあたりには、ピョートルの小屋と巡洋艦オーロラ号をのぞけば、あまり観光客が立ち寄る名所はないが、ピーテルが、今までご紹介したのとはまったく異なる顔を見せる、すこぶるおもしろい地区だと私は思う。ピーテルにはあまりにも有名な名所が多数あるので、それらと比べればマイナーということになるが、どうしてどうして、現地ならではの魅力をたっぷり味わわせてくれるところである。

クシェシンスカヤ邸はまず、建物自体が一九世紀末から二〇世紀初頭にかけて世界中を風靡したモダン様式（アール・ヌーヴォー）邸宅の代表的な作品である。モダン様式の建物はピーテルに多数ある。商店などなら中まで見られるが（たとえば前述のエリセーエフ商店）、住宅の場合は今でもアパートであるか、なんらかの組織に使用されているので、中には入れないことが多い。現にこのすぐ近くの大通り沿いにあるウィッテ伯爵（日露戦争講和交渉のロシア側全権、のちの首相）の屋敷は教育機関になっていて、入れない。だからここはロシア・モダン様式の邸宅を楽しむ絶好の場所なのである。

建物全体は、対称性などを考慮しない自由な形をしており、正面入り口から見ると、しゃれた「洋館」が左右に延びて、緑色の木々とよく調和している。内装は華美をおさえて、上品な趣味でまとめられている。階段、窓、扉、天井、壁にほどこされた数々のモダン様式の装飾は、ロシアにもこういう内装を楽しんでいた時代と、洗練された趣味をもつ人々が存在した時期があることを物語っている。細部にいたるまでじつに優雅である。建築ファンにはこたえられないだろう。

しかもこの建物には、封印列車で亡命先のスイスから帰国したレーニンが到着当日に、集まった群衆を前にして演説をしたバルコニーがついている。クシェシンスカヤが出国したあと、ボリシェヴィキがこの建物を接収していたのである。ここは、いわば革命の聖地のひとつである。だから十月革命博物館（今の政治史博物館の前身）になったのだろう。

混乱した展示の理由

この博物館は、ある程度ロシア政治史の知識があると、なんともいえずおもしろい。まるでハチャメチャなのである。なぜこんなことになったのだろうか。博物館というものには、扱う対象範囲があり、それに対する解釈があり、主張があり、それが一定の方針で展示されているはずである。ところが、ここではそういうものが感じられないのだ。

対象は政治史には違いないが、主要な展示内容が帝政の説明なのか、革命なのか、社会主義体制なのか、それともソ連崩壊後の現代なのか、それらを通したもっと大きな流れなのか、判然としない。展示の順番も時代順にはなっていない。

各展示室（または二、三室のひとまとまり）は一定の秩序をもっているようなのだが、その相互にあまり関係が感じられない。革命を指導したレーニンの事績の紹介はかなりていねいだが、すぐにペレストロイカ期およびそのあとに活躍したソプチャーク市長が出てきて、そのあとがスターリンやキーロフになったり、包囲戦中の指導者ジダーノフだったり、そしてエリツィン大統領がいるかと思うと、またフルシチョフへもどったりする。そして歴代皇帝の肖像があったり、政治史博物館のくせにあでやかなクシェシンスカヤの舞台写真があったりするのである。

これでは見るほうが混乱してしまう。調べたわけではなく、勝手に想像しただけなのであるが、これは現在の混沌から生まれた妥協の結果なのではあるまいか。

考えてみれば、ペテルブルグの政治史はきわめて複雑である。こんなものをどういう歴史観で統一できるというのか。帝政をどう評価するのか。革命とは何だったのか。スターリンをどう扱うべきか。その後の「雪解け時代」の評価、ペレストロイカの評価……。社会主義時代全体をどう考えるか、ピーテル出身のプーチン大統領が指導する現在のロシアはどうなのか。立場が違えば、これらに対する考えは当然まったく違ったものになる。

このように価値観がいちいち問われる複雑さの中で、歴史を一本の筋として語るのは容易ではあるまい。以前、ここは十月革命博物館であった。当時は公式イデオロギーに基づいた、整然と秩序ある展示だった。その時代からつとめている古参の館員もいるだろう。その人たちが急にそれまでの価値観をすてて、あらたな歴史観を作り出せるものではないだろう。仮に社会主義を否定することで一致しても、その仕方は一様ではないはずである。

この博物館には、多様な歴史観をもつ館員たちが共存しているのではあるまいか。彼らはやむをえず部屋ごとに住み分けをおこない、それぞれ自分たちが気に入った展示をしているのではあるまいか。外部からの圧力もいろいろあるはずで、博物館指導部もひとつの立場を打ち出すことをあきらめているのではないだろうか。これ以外にどんな対処法があるのだろうか。

私はつい、そんな想像を楽しんでしまう。よく考えてみれば、この混乱した展示は、まさにロシア政治の過去と現在の状況をみごとに映し出しているわけである。

しかしさらに気をつけると、主張がないとも言えない。ここではソ連でまったく軽視されてきた革命直前のリベラルな政治潮流の存在がかなり強調されているのである。欧米のロシア史家が高く評価し、その敗北を惜しんできたロシアの自由主義的革命路線が、じつはちゃんと存在し、実現する可能性もあったことを物語る展示がある。これは歴史に目隠しさせられてきたロシア人にとっては、たいへん興味深いものであろう。

「政治流刑囚の家」

この建物のすぐ近く、ネヴァ川本流に面したところに、もうひとつ、いわくつきの建物が立っている。「政治流刑囚の家」と呼ばれるアパートである。この建物にはブラックジョークのような実話がまつわる。

このアパートは一九三四年に、帝政時代の政治流刑囚だった人たちのために特別に建てられた。当時彼らは英雄だった。ボリシェヴィキだけでなく、メンシェヴィキやエスエル（社会革命党）など、さまざまな社会主義政党に所属した人々が入居した。

当時ソ連に興った構成主義様式にしたがって建てられ、社会主義建築を代表するもののひとつとされた。ところが、外見が監獄を連想させるとして、市民の評判は悪かった。行ってみると、表側はそれほどでもないが、裏へまわると、何も知らない私でも、監獄みたいな気がしてくる陰気な建物である。もと囚人だった入居者が思い出を楽しめるように、わざとこうしたのだ、という伝説が生まれた。

そのすぐあとに大粛清の時代がやってきた。筋金入りの革命家はスターリンに嫌われたから、ほとんどの入居者がまとめて逮捕され、ラーゲリ（強制収容所）へ送られてしまった。この話を聞いたときは、つい笑ってしまった。自分にあまり関係がないから笑っていられるが、これがイデオロギーに命を懸けた人々が社会主義の下で味わった運命なのである。

この建物の前の緑地帯の中央には、帝政時代とソ連時代の政治弾圧の犠牲者のための、教会と見まがうほどの大きな慰霊塔とならんで、「共産主義テロルの犠牲者」に捧げられた記念碑がある。こちらはただ立方体に切った巨石である。

ここから川沿いに少し歩くと、ピョートルの小屋があり、さらに進むと革命のときに号砲をうって臨時政府側を威嚇し、冬宮突入の合図をしたと言われる巡洋艦オーロラ号が、浮かぶ博物館として停泊している。

その前にあるナヒーモフ海軍学校は美しいバロック建築に見えるが、じつは一九一二年にできた擬バロック様式である。一九世紀から二〇世紀初頭の折衷様式とモダン様式時代には、昔のさまざまな建築様式を模するものもたくさん建てられた。

モダン様式建築の展覧会――カメノ・オストローフスキー通り

またゴリキー像のある地下鉄駅までもどろう。小さな各種キオスクに囲まれたこの駅は、レストランや劇場がならぶ公園の端に位置している。ペテロ・パウロ要塞と寺院に行くのに最も近い駅はここである。

島へ向かって歩く途中の緑地帯の道路側に、ちょっと目を引く記念碑がある。船底から噴き出す海水と格闘するかのような水兵の劇的な像、水雷艇「歩哨兵」記念碑である。日露戦争の際、日本海軍に囲まれてほとんど全員が戦死した水雷艇で、敵に降伏するのをいさぎよしとしない水兵が、船底のキングストン弁を開いて自沈する「英雄的」行為を描いたものである。

ところがのちの調査で、この話は新聞記者のでっち上げであることが判明した。この型の水雷艇の船底には、キングストン弁はついていなかったのである。しかし、その事実はロシア海軍の水兵が英雄的であったことを否定するものではないので、まぁいいではないか、ということになったそうである。どこかの国の「記念物」のように、事実をねじまげて日本をおとしめようとする意図があるわけではないから、私たちも感心してながめていればよい。

ペテロ・パウロ要塞のことは前にふれたので、島には渡らずに対岸の川岸通りを行くことにすると、またべつのユニークな名所がある。砲兵博物館である。

砲兵といっても、大砲だけの部隊ではない。現在では陸軍（地上軍）の大きな部分を占めるロケット・砲兵部隊のことである。第二次大戦末期以来カチューシャ砲として知られるトラック搭載多連装ロケット発射機はここの管轄である。それどころか射程一〇〇〇キロ以下のミサイルは、みんなこの部隊の管轄なのである。そこには、かつて注目された短距離ミサイルSS21や23もふくまれる。

博物館は巨大なもので、各種兵器がおかれ、砲兵隊が活躍した多数の戦史の解説がある。関心のある人にはたいへんおもしろいだろう。しかしそういうことに詳しくない私でもびっくりしたのは、前庭にならべられた各種大砲とロケットだった。初めて見たのは、ペレストロイカ政策のもとでグラースノスチ（情報公開）が進み、この博物館が公開されるようになったときであった。ミサイルの実物まで見られるなんて、従来のソ連では考えられないことだった。軍事問題や兵器に格別の関心がない人でも、ずらりとならぶ重量感たっぷりの新旧兵器には好奇心をそそられるに違いない。写真撮影も自由である。

博物館の手前の緑地帯はデカブリスト五名が処刑された場所で、記念のオベリスクが建っている。ロシア史を知っていると、いささかの感慨がわく場所である。

カメラ必携の通り

二〇世紀初頭にネヴァ本流をまたぐトロイツキー橋ができて、ワシーリィ島に次ぐ大きなペトログラーツキィ島、すでにご紹介したオストロヴァー（島）地区、さらにはその北側への交通が一挙に便利になった。ここを南北に貫くメインストリートがカメノ・オストローフスキー通りである。だから二〇世紀初めに、新開地であるこの通りの両側は建築ラッシュとなった。

都心寄りにあるクシェシンスカヤ邸はそのはしりである。当時はモダン様式の全盛期だったので、この通りの両側には短期間にモダン様式の賃貸アパートが林立することになり、ロシア・モダニズム建築の展示場のようになった。

資本主義の発達にともなって、各種の実業家が多数現われた。国の発展にともなって、膨大な数の官僚も出現した。その他軍人や商人などで首都の人口は急増した。そこで一九世紀なかばから町じゅうに五、六階建ての賃貸アパートが建てられた。現在町なかの建物の大多数を占めるのは、これらのアパートである。アパートといっても、しゃれた作りと豪華な内外装をもつ、かなり広壮なものが多い。一階は通常商店になっている。そのモダニズム版がずらりとならんで覇を競っているのだから、この通りは一見の価値があるのだ。

旧ウィッテ邸は、通りの右側の五番地、つまり通りが始まったばかりのところである。この前後はまだ二階建ての低層であり、木々も植えられてゆったりとした屋敷であるが、左側にはもう六階建てアパートがびっしりと隙間なくならぶ。

この通りを、建築に注意しながら、ぶらぶら歩くのが楽しい。ふつうの観光案内書に紹介される名所があるわけではないから、建築の専門家でなければ特別な注意を払わないだろうが、見ているだけで楽しくなり、写真を撮りたくなる。この散歩はカメラ必携である。

名所もないわけではない。歩き出してすぐの左側にレンフィルム撮影所がある。『子犬を連れた貴婦人』や『ハムレット』などを生み出した名門撮影所である。もっとも、コネがなければ中へは入れない。この場所には革命前、上流階級の社交場となった高級レストラン「アクヴァリウム（水族館）」、そして同名の劇場があった。このならびのしばらく先に漢字で「水族館」と書かれた高級中華料理屋がある。これは昔のレストランにあやかった命名なのだろうが、わからない。値段が高いので、入ったことがないのである。

さらに進んで、しゃれたオーストリア広場を越えると、左側に列柱の入り口をもつ大きなアパートがある。これは事実上、いくつかの建物の集合体である。革命をはさんだ時期の有名な芸術家ベヌア三兄弟の手になるアパートで、のちにはこの一部がキーロフの住居となった。キーロフは、スターリンの指示で暗殺されたレニングラード共産党の指導者である（ちなみにマリインスキー劇場は、ソ連時代にはキーロフ劇場と呼ばれていた）。現在、その部分はキーロフ博物館となっている。

まだ歩ける？

左右に気をとられながら、さらに進む。大通りだけでなく、これと交差する通り（特に左側へ入って行く通り）にも、しゃれた建物がたくさんある。時間があるなら、曲がってみるのも一興だ。いろいろな商店もあるから、ウィンドウ・ショッピングも楽しめる。ロシアも、ウィンドウ・ショッピングが楽しめる国になったのである。

モダン様式アパートの極め付きは、次のレフ・トルストイ広場の右手にある「ローゼンシテインの家」である。この家には中世英国の城にならった六角の塔が二本取り付けられている上、壁が黄色で、アクセントになる窓枠などがこげ茶色だから、たいへん目立つ。七階建ての大きな建物だが、全体はケーキの家とでも言いたくなる愛らしい感じである。何も知らなくても、これを見たら、ウィーンのフンダートヴァッサー・ハウスを見たときのように、つい「何だ、これは」と言いたくなるはずである。一九一七年に完成したこの家は現在、下のほうが劇場となり、上のほうは住宅である。

このすぐそばに地下鉄ペトログラツカヤ駅があるから、疲れているなら、都心に引き返してもよろしい。まだ歩ける？　それなら行きましょう。

一キロ弱行った右側に二軒（六三、六五番地）クラシック様式を取り入れて、表側に高い円柱を誇示する豪壮なアパートがある。一九一一年に建てられたもので、建築家の名前をとって「シシューコの家」と呼ばれている。

気にしだすと一軒一軒にいわくがありそうだが、建築様式の研究をしているわけではないのだから、いろいろな家があるなぁ、と感心しながら散歩をすればいいのではないか。

もう少し歩くと、通りはネヴァ川の支流のひとつにぶつかる。橋を渡ったところがカーメンヌィ島になる。前にご紹介したとおり、森の中にしゃれた屋敷がたくさんある島だ。ほとんどが一九世紀末から二〇世紀初めに建てられたものである。まさにこのあたりは、大小のモダン様式建築物の展覧場なのである。

5　陰影——ドストエフスキーのペテルブルグ

街並みに重なる物語

ロシア文学最高傑作のひとつであるドストエフスキーの『罪と罰』は、まもなく殺すつもりでいる金貸しの老婆アリョーナ・イヴァーノヴナの様子を偵察するために、主人公ラスコーリニコフが、自分が住んでいる屋根裏部屋を出るところから始まる。

通りは恐ろしい暑さだった。そのうえ、息ぐるしさ、雑踏、到るところに行きあたる石灰、建築の足場、れんが、ほこり、別荘を借りる力のないペテルブルグ人のだれでもが知りぬいている特殊な夏の悪臭——これらすべてが一つになって、それでなくてさえ衰えきっている青年の神経を、いよいよ不愉快にゆさぶるのであった。市内のこの界隈《かいわい》にとくにおびただしい酒場の、たえがたい臭気、祭日でもないのにひっきりなしにぶっつかる酔漢《よいどれ》などが、こうした情景のいとわしい憂鬱な色彩をいやが上に深めているのであった。

（米川正夫訳）

この描写は、ピーテルをたずねたことがある者にはやや意外な感を与える。あの北都が息苦しいほど暑くなることがあるのだろうか。美しい町のどこがほこりと悪臭に満ちているのだろうか。あの町にそんな「いとわしい憂鬱な色彩」があるだろうか。

たしかにあの町には長い、寒い冬がのしかかるので、短い夏の印象は一般には明るく楽しいのだが、夏のある時期にはとつぜんひどく暑くなることがある。ごみごみした下町にいれば、今でも耐えがたく暑く感じることがある。

現在はこの町におびただしい数の酒場だとか、屋台や零細商店の乱立する猥雑さだとか、喧騒などがあるとは言えない。物資も自由も不足していたために、良くも悪くも生きた人間の生活のにおいが希薄だった社会主義時代が終了してから、まだあまり時がたっていないからだろう。しかし最近の市場などの雑踏や、三〇〇年祭前の改装ラッシュ時に町じゅうをおおった建材の山や砂ぼこりなどから、この小説が描こうとした雰囲気のおおよその想像はつく。

世界に知られたこの小説は、これまでご紹介してきたピーテルの華麗な表側ではなく、この大都会がかかえこむ、表側とはまったく異質な、裏側とも言えるこうした空間を舞台に繰り広げられるのである。

本書では、ペテルブルグには暗い影や不自然な性格があると言いながら、歴史的なできご

ドストエフスキーの小説に出てくる町の人々の様子がよくわかる 19 世紀の絵

と以外はあまりそれにふれないできた。しかしこの街並みは、憂鬱を誘い、人を狂わせる魔力ももっているのである。

ピーテルのそうした側面を最も効果的に取り出して見せたのがドストエフスキーであり、特に『罪と罰』はその魔力を描いたとも言える作品である。作家は冒頭からその場所と空気を描写することで、読者をあの陰鬱な世界に一挙に誘い込む。

細かく描写

一九世紀初頭に二〇万だったペテルブルグの人口は、一八五〇年代には約五〇万、一八八〇年代には一〇〇万と急増し、町の様相はすっかり変わった。町じゅうに中・下層、貧困階級の住民があふれ、安アパートが立ちならび、彼らがうごめく市場や屋台や酒場が喧騒をきわめ、常に新築・改築の砂ぼこりが舞っていた。この町にも近代大都会特有の猥雑さがあふれるようになったのである。

ドストエフスキーは、殺人、それをめぐるおそろしい想念、主人公の内的な、また他人との間のはげしい心理的葛藤、複雑な人間関係、すさまじいばかりに饒舌な会話、そして浄化と救いにいたる濃密な物語を、ピーテルのある地区を舞台にして描き出した。いや舞台というのでは足りない。複雑、深遠な内容をわずか一三日間の時間枠内に凝縮させたあの作品にとって一瞬一瞬が大切なように、ごくせまい範囲に限定された空間、つまり特定の広場、通り、橋、運河、建物、部屋なども欠かせない要素なのだ。「ペテルブルグはドストエフスキーの創作の参加者なのである。」（アンツィーフェロフ『ドストエフスキーのペテルブルグ』筆者訳）

ドストエフスキーは登場人物の思考、行動、運命と、それが描かれる場所の条件をぴたりと重ね合わせた。この物語全体の陰鬱な雰囲気は、冒頭の町の描写ですぐに明らかにされ、主人公の閉塞感は「戸棚のように」せまい屋根裏部屋から生まれ、殺人計画は居酒屋で偶然耳にした他人の冗談話によって強化される。ラスコーリニコフのおそろしい考えは、ピーテルのまさにこの地区から生まれたのだ。本来やさしい性格の彼はそれから逃れようともがく。遠くのオストロヴァー地区へ行って緑に心癒されると、「心臓の中で一か月も化膿《かのう》していた腫物《しゅもつ》が、急につぶれたような（……）ああした魅《まよわ》しから、魔法から、妖力《ようりき》から、悪魔の誘惑から解放された」ように感じるのだが、その直後にいつものセンナーヤ広場に行くと、なんと、妹がめずらしく外出するために、明晩七時には金貸し老婆がひとりきりになるという、計画実行には絶好のチャンスが到来することを耳にしてしまうのである。

風景と心象の描写が一致するだけではない。ドストエフスキーは、小説中の何がどこで起こったかを、正確に具体的に指定する。あたかも現実に起こった事件をあとから再現したかのようである。もっともセンナーヤ広場やワシーリィ島やエカテリーナ運河（現在のグリボエードフ運河）などの大きな地名は出すものの、通りや路地や橋の名称は、頭文字しか出さないし、家の番地も示すわけではない。

そのくせ妙に細かく描写するので（たとえば、ラスコーリニコフの家の入り口から老婆の家まで「きっかり七三〇歩」とか、どこからは何が見えるとか、窓は何に面しているとか）、読者の臨場感はいやでも高まる。

この作品と町の関係は多くの人の関心を呼び、研究者の間では語りつくされてしまった感がある。ラスコーリニコフの家も、老婆の家も、ソーニャの家も、主人公が盗品をかくした場所もすでに正確に特定されている。これは文学ファンの間でも話題になることで、江川卓氏は『謎とき「罪と罰」』（新潮選書）に、その地図をのせている。

『罪と罰』探訪

こうなると旅行者としては、世界的名作の舞台となったこの地区をたずねないわけにはいかないではないか。それほど広いわけではないその一角とは、センナーヤ広場（社会主義時代には平和広場と改名されたが、ソ連崩壊後になじみ深いもとの名前にもどされた）界隈である。すぐそばをグリボエードフ（エカテリーナ）運河が通っている。

ドストエフスキー時代に、『罪と罰』に描かれたこの一帯がどんな様子だったかは、小説を読んで思い浮かべるしかない。それはかなり陰鬱なもので、江川氏はその本に「ペテルブルグは地獄の都市」という一章を設けているほどである。ともかく、この町の華麗な表の顔とはまったく異なっている。

その雰囲気が現在までどの程度残っているか、は判断のむずかしいところである。外見的にはほとんど残っているとは言えない。なによりも広場のランドマークだったはずのウスペーニエ寺院は社会主義時代に取り壊されてしまっているし、広場の周辺には、ドストエフスキーの時代にはなかった大きなビルがたくさん立ちならんでいる。当時は多数あったと思われる小さな店、居酒屋、売春宿などはもちろん残っていない。

この広場は、あの小説が書かれた少しあとに大々的に区画整理されて、様相が変わってしまったのだ。小さな建物がつぶされて、鉄骨とガラス屋根をもった大きな市場が二棟できた。その時代の写真を見たことがあるが、あれではあの小説の舞台にはならないし、今の姿ともまったく違っている。

それでも、センナーヤ広場は大きな市場のある広場として、社会主義時代でさえそれらしく雑然としていた。それが幸か不幸か、三〇〇年祭を機にすっかりきれいに整備されてしまったのである。それ以前はかなり暗くて、少々おどろおどろしい雰囲気が残っていたように記憶するのだが。

教会の跡地に建てられた大きな地下鉄の駅の入り口のほかにも、二ヵ所に地下の駅へ行くエスカレータの出入り口ができた。広場にはガラス屋根をもった新装の各種売店がならび、ほぼ中央にはおよそこの広場にはそぐわない、現代的な透明な記念碑が登場した。

モスクワ通り（以前はオブーホフ通り）が始まるあたりには、ドストエフスキー時代にはなかったきれいなビルが立ちならぶ。周辺の通りも、一階が通常の商店（居酒屋や売春宿ではなく）になってしまっているので、べつに妖しげとは言えない。マクドナルドや中華料理店の看板がならぶその広場で『罪と罰』の雰囲気を感じようとしても、なかなかむずかしいのである。

しかし主人公たちが徘徊していろいろなできごとが起こる、周辺に一〇以上ある通りにそって立つ四、五階建ての建物の多くは当時のままではないか、と思われる。いくつかの橋も昔のたたずまいを残しているようだ。半分くらいは当時の名称を取り戻したこれらの通り、そこにならぶ古いアパート、荒れ果てた感じのする中庭（通りに面した部分は商店になっているので、住居部分に入るにはトンネルのような通路をへて中庭を通らなければならない）、それらと交わる昔のままの運河などをそぞろ歩いていると、あの登場人物たちはこのあたりを行ったり来たりしていたのだな、という感慨がわいてくる。要は想像力か。

七三〇歩

私は金貸しの婆さんが住んでいた（とされる）住居のドアのところまで行ったことがある。ひとりでは、人が住んでいるアパートへずかずか入り込む勇気はないが（社会主義時代には、そんなことをしたら、スパイ扱いされかねなかったから、ちょっとできなかった）、そのときは好き者のロシア人友人に案内されて、ラスコーリニコフが住んでいた（とされる）家から、七三〇歩数えて歩かされた上で、今も汚い中庭を抜け、当時から修理されたことがないのではないかと思われるほど荒れた階段を上がったのであった。このときはわずかながら、人目をしのぶ主人公の心理になりましたな。

当時の雰囲気とはかなり違ってしまったといっても、センナーヤ広場は、やはりあの大作の「参加者」なのである。観光客としては想像力を働かせたい。

彼がセンナヤを通りかかったのは、かれこれ九時ごろだった。テーブルや、丸盆や、屋台や、小店などで商売している商人たちは、それぞれ自分の職場をしめたり、商品をまとめてかたづけたり、買い手と同じように家々へ散って行ったりしている。地下室に巣くう小料理屋の付近、センナヤ広場の家々の悪《わる》ぐさいきたならしい裏庭、ことに酒場の近くには、ありとあらゆる職人やぼろ服の連中が、大ぜいうようよぞろぞろしていた。

（同前訳）

終末部の、主人公の魂の浄化もこの広場でおこなわれる。「四つ辻へ行って、みんなにおじぎをして地面へ接吻《せっぷん》なさい。だって、あなたは大地にたいしても罪を犯しなすったんですもの。そして、大きな声で世間の人みんなに、『わたしは人殺しです！』とおっしゃい」。彼はソーニャのこのすすめを受け入れ、ことばこそ発しなかったが、広場の中央にひざまずいて身をかがめ、地面に接吻するのである。

ドストエフスキーの作品に案内されてこの地域を散策すると、ピーテルの陰の部分が少しは身近に感じられるようになる。

プロの散歩人アンツィーフェロフ

ペテルブルグはあらゆる意味で巨大な存在なので、「ペテルブルグ学」とでも呼びうる独特の学問・評論領域がある。ロシアではかなり以前から多くの歴史家、文学者、建築家、民俗学者、思想家などが、ペテルブルグを対象として、さまざまな面から研究を掘り下げ、思索を凝らし、議論を繰り広げてきた。その代表的人物のひとりに、ニコライ・アンツィーフェロフ（一八八九〜一九五八）がいる。

この人にふれる前に、私には課題をひとつこなす義務がある。「エクスクールシヤ」（英語のexcursion）の訳語を決めなければならないのである。誰でも知っているこのありふれた単語はふつう「遠足、見学、遊覧」などと訳される。しかしそれでは、この際話が進まない。なにしろこの人はエクスクールシヤを学問にまで高めてしまったのだ。こなれていないのは承知のうえで、とりあえず「散策探訪」という訳語をあてることにする。

革命の少し前、学生だったアンツィーフェロフは、エルミタージュ内に博物館ガイドの指導者養成を目的とするクラブを作った。その後発展をとげることになる散策探訪学派の誕生である。彼はローマ史、ヨーロッパ中世史、ロシア精神・文化史などの分野にすぐれた研究を残したが、通常の学問の道には進まず、教育・啓蒙活動を選んだ。

教師をつとめるかたわら、課外文化活動に身を入れた彼が特に重視したのが散策探訪であった。町の誕生、歴史、文化の歩みの総合的理解は、実物を見なければ得られないと考えた彼は、単なる名所見物ではない、独特の方法論を作り上げ、建築史、文学史を取り込んだ幅広く、奥が深い歴史散策探訪を編み出した。

おりしも革命直後のピーテルは、破壊と滅亡のふちにあった。アンツィーフェロフとその同志たちは、文化継承を可能にする方法として啓蒙に活路を求め、その有力手段として散策探訪を実施したのである。

アンツィーフェロフは散策探訪研究所の設立に参加し、活発な講演・執筆活動をおこなった。彼の独特なアプローチは広い関心を集めたが、一九二九年、旧体制復活陰謀のかどで逮捕され、活動は中断する。彼もまた社会主義に押しつぶされたのであった。ただ彼は過酷な収容所生活を生き延び、三九年には幸運にも釈放されて、モスクワで研究を続行することができた。

私たちが今、本気でピーテルを散策探訪しようと思ったら、残された著書によって、この稀有の碩学の手ほどきを受けることができる。彼は歴史、文学、美術、建築などのあらゆる面から、総合的に、そして具体的・実感的にペテルブルグの心と命を捉えようとする。彼のドストエフスキー文学散歩は、ふつうのドストエフスキー論ではない。作品をはぐくんだ具体的な街並みの探索なのである。一方で、それは単なる観光案内ではない。ドストエフスキーの作品論、創作過程の分析までをもふくむのだ。

「地球上で最も抽象的で人工的な都市」

ドストエフスキーの作品には、ペテルブルグのあちこちが具体的な形で出てくるだけでなく、この町が住人に与えるおそろしい力が繰り返し説かれることを、アンツィーフェロフはていねいに検証する。

ドストエフスキーは一六歳でペテルブルグに出て以来、一〇年間の流刑時代と一時期の外国暮らしをのぞけば終始この町に住んだ。彼の約三〇の大小の小説のうち、二〇はペテルブルグを舞台にしている。彼はピーテルを愛したピーテルの作家なのである。

そのピーテルでドストエフスキーは転々と住居を変えた。また彼は独り言を言いながら散歩をするのが好きだった。転居や散歩によってめまぐるしく変わる眼前の町の風景は、作家にさまざまなアイデアを与えたのである。

ドストエフスキーがピーテルを愛したことは否定できない。しかしその愛は、前にご紹介したプーシキンやゴーゴリのような明るい愛の賛歌（あとからは、それに矛盾するおそろしい物語が描かれるのだが）とはならず、この町の悪魔的な暗い力を感じさせる通奏低音のような形をとる。

『罪と罰』のもうひとりの主人公スヴィドリガイロフは言う。「こりゃ半気ちがいの町ですよ。（……）ペテルブルグほど人間の心に陰うつでどぎつい、奇怪な影響を与えるところは、まずあまりありますまい」。ドストエフスキーはこの町が人に与える陰気な、はげしい、奇妙な影響を感じ取り、作品の中で再現したのであった。

ドストエフスキーの主人公たちは興奮し、熱病に取りつかれたように何かを求めて、通りや、広場、橋を歩き回る。ペテルブルグがもつ不思議な混沌がそうさせるのだろう。なにも『罪と罰』だけでない。『白夜』『未成年』『二重人格』『白痴』……

ピーテルはドストエフスキーの登場人物たちに重苦しくのしかかるだけではない。この町は同時に幻想的な、非現実的な、存在の危ういものでもある。そしてそのことも彼らの思想、心理、行動に色濃く影響するのだ。

どうだろう、この霧が散って上空へ消えて行くとき、それとともにこのじめじめした、つるつるすべる都会全体も、霧につつまれたまま上空へ運び去られ、煙のように消えてしまって、あとにはフィンランド湾の沼沢地が残り、その真ん中に、申し訳に、疲れきって火のような息をはいている馬にまたがった青銅の騎士だけが、ぽつんとのこるのではないだろうか。

（『未成年』工藤精一郎訳）

そしてアンツィーフェロフは解説する。

町は沼の上にある。生活は沼の上、霧の中にあり、生の源である豊饒の大地と深くつながった根をもたないままである。根がないから、心が燃え上がることもない。皆ばらばらで、ふわふわただよう沼地の鬼火のように、憎んでいるのか、愛しているのか、いつも互いに苦しめ合い、有機的なひとつのものに融合することができない。（……）「地球上で最も抽象的で人工的な都市であるペテルブルグに住む」（『地下室の手記』）というのは不幸なことなのだ。
（『ドストエフスキーのペテルブルグ』筆者訳）

ドストエフスキー博物館

ピーテルには当然、ドストエフスキー博物館がある。作家が晩年をすごした住居に作られたそれは、住居博物館と呼ばれ、その名もドストエフスキー通りの入り口（クズネチヌィ通りとの角）にある。もよりの地下鉄駅はドストエフスカヤと呼ばれ（二路線が交差しているので、もう片方の駅名はウラジーミルスカヤ）、駅前にはドストエフスキーの胸像もある。博物館はよく整備され、ていねいな解説がつけられていて興味深い。ドストエフスキーまたはロシア文学ファンなら必見の場所である。

彼は晩年以外に、作家活動を始めた時期にもこの地区に住んでいたが、このあたりはあまり作品に描かれていない。ただこの周辺には、現在でも一九世紀の生活の感じが比較的残っているように思われる。

そのひとつの理由は、由緒あるウラジーミル聖母教会があるからだろう。ここは社会主義時代も活動を許されていたので、生きた教会の息吹きが強く感じられる。また、道路をはさんで博物館のとなりは市民の食料基地クズネチヌィ市場である。

このあたりにはそれ以外にこれといった名所はない。商店がずらりとならぶ活気ある通りもあるが、ドストエフスキー通りのように何もないから人もあまりいない通りも多い。つまり、ふつうなら旅行者があまり足を踏み入れない地区、言い換えれば旅行者にはあまりなじみのない生活地区である。だからこそ、博物館の帰りにでもゆっくり散策探訪して、生活のにおいのするピーテルの町を味わってみたいものだ。

ドストエフスキーが好んで描いたのは、すでにふれたセンナーヤ広場周辺であるが、そうでなくても彼が描いたのは、ピーテルの豪壮な正面ではなく、中・下層階級が住む界隈であった。せっかくペテルブルグに行くのなら、一日はそういう場所の見物にあてるのも悪くない。

6　昔の都の今のくらし——旅行者の市場めぐり

生活をかいま見る

短期の観光旅行者は名所を見物するだけで、ふつうはそこに住む人々の生活にまで目が届かない。せいぜい、生活のにおいが充満する市場や商店街に出かける程度である。それでも名所だけに気をとられずに道行く人を観察したり、観光バスやタクシーばかりでなく、町の交通機関を利用すれば、案外たくさんのことが見えてくるものである。

せっかく外国の町に来たのだから、名所をせかせか回るだけでなく、ふつうの生活の片鱗もかいま見たい。それはピーテルやウィーンのような、超一流の文化遺産ではちきれそうな町でも同じことである。

旅行しないとできないすてきなことのひとつは、歩き回ることだ。ただピーテルの名所の規模は大きく、ゆったりと配置されているので、名所を見るだけでもたっぷり歩かなければならない。たとえばエルミタージュを見学すると誰でもへとへとになるし、その外側だって相当なものである。宮殿広場の端に観光バスがとまったとして、建物の中には入らずに、中央の四つの広場のあちこちと川岸通りを見てから、アストリア・ホテルの前で待っているバスに乗るだけで、優に四、五キロは歩くはずだ。

でもこれは「街を歩き回る」こととはちょっと違う。名所見物に必要な労働にすぎない。生活のにおいをかぐためには、ときどき立ち止まったり、どこかに立ち寄ったりしながら、生きた通りを歩かなければならない。

以前に比べればずいぶんよくなったが、ピーテルはあまり移動に便利な町とは言えない。

地下鉄の駅の間隔は長いし、バスや市電は本数が少ないので、いつも混んでいる。しかし、ロシア人たちはあまり気にする風もない。彼らはどんどん歩いてしまうのである。それを見ていると、私たちはずいぶんやわになったと思わずにはいられない、日本人だって、昔はけっこう歩いたはずなのだが。

食料品市場

旅行者でもできることのもうひとつは、市場を見ることだろう。特に食料品市場は生活そのものだから、見るだけでも楽しい。

現在のロシアの食料品市場というのは、ラテン系ヨーロッパ諸国のそれとほぼ同じようなものだといってよい。大きな屋根の下の体育館のような空間に多数の個人所有の売り場がならんでいる。そんなところで生鮮食料品や日常雑貨を売っているのである。

社会主義時代はまるで違っていた。まず、当時は市場の数がごく限られていた。売っていたのは似たようなものだったが、ふつうの国営商店があまりにも貧弱だったので、品ぞろえのよさが目立った。だが当然値段は高かった。国営商店の二、三倍（二、三割ではない）はしたから、ふつうの人が行けるところではなかった。社会主義体制下で、売り手が客に礼とお愛想を言うのはここだけだった。

コルホーズ（集団農場）農民が、わずかに許された自営地で収穫したものを自由な価格で売るところだ、と説明されていたが、そんなはずはない。それならモスクワや社会主義下のピーテル、つまりレニングラードの場合、売り子の大半はロシア人となるはずだし、主な商品は周辺でとれる野菜、果物、魚肉、乳製品などになるはずなのに、ぶどう、オレンジ、メロンなど南国の果物や、メーカー名の入ったサラミソーセージや缶詰などの加工品もたくさん売られていた。売り子のほとんどはコーカサス、中央アジア系の人たちだった。市場はじつは、社会主義の下でさかんだった闇経済が表に顔を出した姿だったのである。

社会主義が崩壊し、市場も本来の姿を取り戻した。ピーテルのあちこちで、かなり大きな市場が目立つようになった。きいてみると、どれも以前あったものだという。大都会ペテルブルグには、当然ながら多数の市場が存在していたのである。

値段はふつうの商店より高めだが、ごくふつうの人でも買い物ができるところとなった。だからこんなに数がふえたのだろう。品ぞろえは以前とは比べものにならないほど豊富になった。現在の市民の生活をのぞいてみたいと思うなら、市場に行くのが手っ取り早い。

モスクワではこのところスーパーが普及し、市場の比重が下がってしまった。ところがピーテルではなぜか、スーパーがあまりふえない。これからどうなるかはわからない。やはり時の勢いでスーパーが市場を圧迫し、市場は少数派になってしまうのかもしれない。行くのなら今のうちである。

ゴスティヌィ・ドヴォール

革命以前に市場が特に密集していた通りがある。サドーヴァヤ通りの西部である。これは夏の庭園から始まって、フォンタンカ川に平行して、木の年輪のように中心部を区切っている長い通りである。ネフスキー通りと交差するところでは、国立図書館とゴスティヌィ・ドヴォールにはさまれている。

昔は、この通りのそれより西の部分に七つもの市場があったというからおどろいてしまう。しかも市場以外のところにも、あらゆる商品を扱う小店がひしめいていた。現在でもこの地区には四つの市場が健在だから、ここはまさに市場通りなのである。

最初がゴスティヌィ・ドヴォールだ。もっとも現在のゴスティヌィ・ドヴォールを市場とは呼べないだろう。百貨店という看板を掲げているが、ショッピングモールと呼ぶのがいちばんふさわしいように思う。モスクワの「百貨店」グムも同じ形式である。

一八世紀後半に建てられた、柱のならぶクラシック様式の二階建てで、四つの通りに囲まれた大きな一ブロック全体を、二重になった二階建ての建物が占めている。空から見るなら、ゆがんではいるが漢字の「回」のような形をしている。いちばん長い辺が三七五メートルというとんでもない大きさのうえ、外側と内側の建物が、一部ではつながり、一部では内側が欠けていたりするから、頭の中に思い描いた理屈にしたがって歩いても、目的地には到達しない。しかも似たような売り場がずらーっとならんでいるのだから、すぐに迷ってしまう。

ここには生鮮食料品以外の、ふつうの小売店で扱うものなら何でもある感じである。社会主義時代と比べると、商品がおどろくほど豊富になった。しかもソ連崩壊以後、西側の有名店がいくつも店を開き、西側のブランド品も扱われている。ただ、ふつうの市民にはかなり割高だろうと思われる。私たちは豊富な商品がならぶ大きな商店にはおどろかないから、ここは日本からはるばるやってきて時間を費やす価値がある観光名所とは言えない。

「勇気があるねぇ」

一見に値する市場は、ゴスチィヌィ・ドヴォールが終わったところから、サドーヴァヤ通りの反対側に延びているアプラークシン・ドヴォールである。ピョートル大帝側近の海軍提督アプラークシン伯爵の邸宅があった場所なのでこう呼ばれるが、その後の市場の隆盛のため、まったくべつの連想をさそう地名となった。

互いにつながった巨大なひとつの建物であるゴスチィヌィ・ドヴォールと違って、この市場は多数の中小の建物がならぶ一角である。四つの通りによって囲まれたこの区画は、ゴスチィヌィ・ドヴォールのブロックよりもさらに広い。これらの通りからも、外縁の店にならび入れるわけだが、それではこの市場を見たことにはならない。

以前この場所にはふたつの市場があり、片方で生鮮食料品、片方では衣類、毛皮、帽子、靴、食器、金物、雑貨、家具、じゅうたんなどを商っていたという。現在食品市場はなくなり、全域がそうした商品や道具類、電気製品などの売り場となった。

建物はあるのだが、青空市場のような感じもする。商品の大半は建物の中におかれているが、外にもあふれ出ていて、客は屋根のない外を歩くからだ。規模はともかく、雰囲気はちょっと浅草裏通りの屋台商店に似ている。約三万七〇〇〇坪という広大な敷地に、商品と人があふれかえって、ものすごい活気を呈する。

おもしろいことはおもしろいのだが、行くことをおすすめするにはちょっとためらいがある。妻といっしょにここに行ってきたと言ったら、ロシア人の友人から「勇気があるねぇ」と言われてしまったほどの場所なのである。ここでスリにやられた、引ったくりにやられた、という話をロシア人からよく聞く（そもそも外国人はあまり行かないから、被害にもあわない）。

もし行くのなら、目立たぬ服装にし、貴重品や大きなバッグのようなものはもたず、できればふたり以上で、食事もトイレもすませてからにしたほうがよい。いつも周囲に気を配り、写真を撮るのなら（撮りたくなるんだなぁ、これが）、連れの見張りのもとにすばやくすませる。数人でVサインを出しながら記念写真を撮るなんて、よしたほうがいいですね。ただ、客の大半はふつうの市民なのだから、べつに犯罪の巣窟であるわけではない。

ロモノーソフ通りの側は店になっておらず、通りのつきあたりはアーチになっていて、そこをくぐればロモノーソフ広場である。フォンタンカの岸辺の、木立に囲まれた小さなロータリーで、そこに入ってくる通りのひとつは建築家ロッシ通りである。つまり前にご紹介した、両側と正面の劇場がクラシック様式になっている、調和のとれた閑静な劇場空間である。この喧騒の巷《ちまた》がそんな場所と接しているところもおもしろい。

ここでも売り子の大半はコーカサス系である。

「ここはずっと以前からアゼルバイジャン・マフィアの勢力下にあるのだ。」

「いや、そうではなくて、もともとチェチェン・マフィアが強かったのだが、最近のしめつけのせいでアゼルバイジャン人がのしてきたのだ。」

ロシア人たちはいろいろ解説するが、どこまで本当かは、あてにならない。なにしろ闇の世界の話なのである。それにしても、帝政時代から、弾圧と粛清の社会主義の時代をへて、しかも途中に九〇〇日にも及んだ飢餓の包囲戦をはさんで、よくも勢力を温存したものだ。闇の勢力の底力を感じさせる話である。

観光対象としての食料品市場

この向かい側に一九世紀後半には、零細商店がならんでいた。さらにちょっと行けば、かのセンナーヤ広場になる。ここはピーテル第一の規模の市場と多数の商店があるので有名なところだった。ただ、現在では市場は特に大きいわけではなく、広場に面してもいないので、往時の面影を失いかけている。

「往時」というのは『罪と罰』の時代ではなく、それよりあとの市場全盛期の話である。小説に書かれているとおり、以前は小さな商店がひしめくところだったのだが、その約二〇年後に、木造の小店を取り払って、ガラス張り鉄骨の大きな建物が向かい合ってふたつ完成した。これは金属建材を大量に使う建物のはしりであった。

こうして首都最大の食料品市場ができあがった。店舗数は合計五〇〇を数えたという。しかもその周辺には食料品のほか、生花、食器、靴、衣服、雑貨などを売る小店が多数残った。中古品を扱う店も多数あり、蚤の市もあった。

現在もセンナーヤ広場はおもしろいが、写真で見る二〇世紀初頭の面影はない。ただ、ドストエフスキー文学散歩でここまで行くのなら、ついでに市場もぜひのぞいたらよい。サドーヴァヤにもどってもう少し進むと、美しいバロックのニコーリスキー寺院が見えてくる。その場所の通り沿いがニコーリスキー市場である。現在ここは格別おもしろい市場ではないが、かつては卸売り市場であり、古い様式の建物が残っているので、その点では興味深い。

ピーテルでいちばん古い市場は、スィトヌィである。一七一一年に火事で焼け出された商人がそこに集まった、という。ただこのあたりはその当時とはまったく違っているはずだから、市場も今の場所にあったかどうか、わからない。現在のスィトヌィ市場は、ペトログラードツキィ島の地下鉄ゴリコフスカヤ駅から公園沿いにクロンヴェルクスキー通りを五分ほど歩いて右折したところにある。

あまり規模は大きくないが、生鮮食料品は屋内で、魚は別棟で、雑貨類は敷地内の木造の小店で売られていて、便利なところである。天気がよければ、ついでに公園を散歩して、野外レストランでビールを飲むのも悪くない。

市場はあちこちにたくさんあるから、見物するだけならどこへでも入ったらよいのだが、品ぞろえがいちばんいいと私が思うのはクズネチヌィ市場。ドストエフスキー博物館の向かいである。規模もかなり大きいが、値段は高めである。

肉売り場では牛、豚、羊、鶏はふつう別々に扱われている。うしろのほうに二分されたあばらとか脚とかがいくつか鉤にかけられてぶら下がっている。頭部がどかんとおかれていることもある。その前では、肉を切り分ける作業がおこなわれている。

私たちが日本の店先で目にする肉といえば、手芸品のようにきれいに切りそろえられた薄切りや角切りがほとんどだが、獣肉というのはもともとは荒々しいものであることがよくわかる。なにしろ動物を殺して食うのである。骨や腱をはずし、膜のような、小さな脂身のようなくずを切り捨てないと、しろうとが調理できる肉にならない。

部位にもよるが、骨ごとまさかりで切ってしまうこともある。大型のTボーンステーキみたいなものができるわけだ。肉は切り身ではなく、かたまりで売られるので、道具の主役はまさかりや大型包丁である。薄切りを作る機械なんてあまり見かけない。

売り方は日本人から見ると乱暴だが、肉はいかにも新鮮である。ロシア語では新鮮な肉のことを「湯気の立つような」という。臓物はまたべつの区画で売られている。

最前列では元気のいい売り子のおばさんたちが声を張り上げる。日本ではふつう元気なのは魚屋で、肉屋はおとなしいものだが、ロシアでは逆だ。肉屋のほうが威勢がよい。そして、いちばん元気なのは、ロシアでは蜂蜜屋のおばさんたちである。蜂蜜売り場の面積は大きいのである。小さな紙切れに少しなすりつけて、味見をさせようとする。うしろには豊富な蜜がつまった六角柱状の巣房がいくつもおかれている。いかにもうまそうなのだが、旅行中ではちょっと手が出せない。

どれもうまい

肉の加工品は圧巻である。ハム類は、かなり生に近いものから、じゅうぶんに加熱したものまで、何種類もある。要するに豚肉に塩味をつけて、燻製にしたり、乾かしたりしたものであるが、香辛料の種類や製法に微妙な違いがあるので、種類が多い。

特に目立つのはサラミ類である。これはヨーロッパならどこにでもあるものだが、ロシアでは非常に種類が多い。太いのや細いの、鰹節のようにカチンカチンなものから柔らかめのもの、こしょうの利いたもの、唐辛子の利いたもの、血が入って真っ黒なもの、脂身の多いもの、少ないもの……ちょっとした店なら、軽く二〇種類以上はある。どれもうまいのですね。

だいたい直径五センチくらいのものを斜めに切って、よく見えるように断面をこちらに向けている。断面の様子を見れば、どんな味か見当がつくのである。それに今では売り子のおばさんがていねいに説明してくれる。ただし、試食させる風習はあまりないようである。

魚屋に関しては、魚食王国の日本人としてはあまり感心できない。種類が少ないし、鮮度もあまりよいとは思えない。海水魚ではサバ、カレイ、スズキ、タラ、イワシなど。日本ではお目にかかれない巨大な淡水魚がいる。タイのようなもの、カマスのようなもの、コイ、ナマズなど。ときには生きた魚が水槽で泳いでいる。

塩漬け、酢漬け、燻製、干物などの加工品も多い。私たちにとってめずらしいのはチョウザメである。ふつうにあるのは塩漬け温燻製の切り身だが、生のままでまるまる姿を現わすこともある（水槽に泳がせる！）。一メートル半くらいの巨大なやつが出ることもある。イクラを大きな容器からさじですくっているのも豪快である。キャビアはこのところ急激にへり、値段も上がっている。遠からず市場からは姿を消してしまうのではないかと、心配である。

クズネチヌィ市場では、のり巻きを売っていた。ピーテルでも今ではすし屋が町じゅうにある。味については……えー、意見の表明を控えます。作り手はたいてい朝鮮民族（ロシア極東地方におおぜい住んでいるのだ）である。市場の「スシ」はサケやイクラを巻いてあって、かなり高いものだった。

野菜売り場で特徴的なのは、漬物だろうか。日本ではきゅうり漬け（ピクルス）くらいしか知られていないが、冬の長いロシアは漬物王国なのである。キャベツ、ウリ類、にんにく、にんにくの芽、トマト、何でも漬けてしまう。売り場には、すっぱいにおいが立ち込める。

生鮮野菜、果物、スパイス類、乳製品、菓子類など、ふれなかったものはたくさんあるが、こんなぐあいにやっていたらきりがない。私にとって食品市場は、どこでも町の魅力を感じるために欠かせない場所である。

終　章

矛盾と幻想の町の生命力

遠景に見えるペテロ・パウロ寺院

二都物語

ペテルブルグは、すでに述べたように、モスクワとならんでロシアという国の骨格を作る町である。しかしこのふたつの町は正反対の性格をもつ。両者はそれぞれ、ロシア文化がもつふたつの相反する側面、すなわち伝統的スラブ・ロシア文化とあとから取り入れたヨーロッパ文化を代表しているのである。

モスクワはロシア国家を生んだ母であった。九世紀以降、ルーシの地には、キエフ、ノヴゴロド、ウラジーミル、ヤロスラヴリなどいくつかの公国が存在し、ゆるやかな連合体を形成していた。ロシア史ではこの時代を古代ルーシの時代と呼ぶ。

一三世紀以降、ルーシ各公国はモンゴール・タタールの支配下に入った。そしてヨーロッパ世界から切り離されたため、この時期は後世のロシア人から「タタールのくびき」（「くびき」とは、馬車やそりを引かせるために馬の首にかける環状のもの）時代と呼ばれ（日本ならさしずめ、「タタールの足かせ」とでも呼ぶところだ）、暗黒時代とされる。この時代が約二五〇年続いてキプチャク汗国とルーシ各公国がともに衰弱したあと、古代の伝統を引き継いで徐々に旧ルーシの地を統合し、さらにはロシア東部に居住していたタタールその他の異民族を屈服させ、のちのロシア帝国の基礎を作ったのが、新興のモスクワ公国である。「くびき」

末期以後のロシア史とは、近代ロシア帝国形成へとつながる、モスクワ公国の興隆と拡大の歴史にほかならない。

一五世紀後半にモスクワのイワン三世は、最後のビザンチン皇帝の姪を妃に迎え、モンゴルへの服従を拒否し、全ルーシのツァー（皇帝）を名乗り、「くびき」の時代に終止符を打った。その後モスクワ公国の領土は急速に拡大していった。さらにロシア正教会はビザンチン（ギリシャ正教）から独立し、モスクワは第三のローマである、と主張するようになった。

そして一六世紀の中盤に約五〇年間も統治するイワン四世（「雷帝」として知られる）が現われて、ロシアはさらに拡大・発展する。しかし一六世紀末にこの王朝の血統は途絶え、国はしばらく乱れた（いわゆる「動乱の時代」）。

この混乱に終止符が打たれたのは、一六一三年に（徳川幕府誕生の一〇年後）、ロシア国民各層の代表が集まった全国会議が、一六歳のミハイル・ロマノフを新たな皇帝に選んだときであった。ここに、近代ロシア帝国を築きあげたロマノフ王朝が発足したのである。

その後も約一〇〇年間、モスクワはロシアの首都であり続けた。これだけの長い歴史をもつモスクワは、まさにロシアの文化と伝統を具現する町であった。しかし一八世紀初頭になると、ピョートルがこの町を出て、ヨーロッパに向けて開いた新しい町を作り、そこへ遷都して西欧化政策を開始したのであった。

一八一二年、ナポレオン軍に占領されて大火を出したモスクワは古い建物をだいぶ失ったが、一九世紀なかばでも、ロシア本来の木造や漆喰の小型家屋がひしめく町であった。無数にあった教会のほとんどは、ネギ坊主型のクーポルをもつロシア様式だった。

もちろん、帝国の発展に応じて多数の石造り、レンガ造りの大型建築物が誕生したが、すでにふれたように全体的な都市計画があったわけではないので、町は雑然としていた。ピーテルの住人は「モスクワは大きな村にすぎない」と悪口を言った。伝統的なロシア文化の擁護者は、一見無秩序に見えるその中にこそ、ロシア本来の調和と美しさがあると主張し、「ペテルブルグはロシアではなく、外国だ」と言い返した。

ただ、モスクワの「古きよきロシアらしさ」はソ連時代に大部分が失われてしまった。「近代的大都市」建設をめざした社会主義政府は、古い街並みを惜しげもなく大規模に取り壊して区画整理をし、道路を拡張し、大建築物を建てたのである。町じゅういたるところにあった教会もほとんどすべて破壊された。

ソ連邦の崩壊後、復活直後の荒っぽい市場経済のもとで、国中の富が集中したモスクワには建築ラッシュが起こった。近代的なビルがあちこちにでき、モスクワ本来の香りはますます希薄になった。ピーテルとモスクワの街並みを比較してみたくても、今のモスクワではちょっとむずかしい。

ロシアを代表する文化都市

いっぽうペテルブルグは、一八世紀になってから国土の片すみに短期間のうちに築かれた非ロシア的な、人工的な町である。ロシアの文化・生活伝統とはなじみの薄い異国の様式で作られた町に、当初は誰も住みたがらなかった。人が住むようになったのは、ひとえにピョートル大帝の厳罰をともなった命令による。

ピョートル大帝が国づくりの舵を西欧化の方向にきってこの町を首都に定めて以来、ロシアは明治維新後の日本に似た、ある意味では矛盾に満ちた発展をとげることになった。それまでのロシアは、「タタールのくびき」によってヨーロッパ文化から切り離され、半分アジア的な独特な国となっていたからである。「ヨーロッパへの窓」となったこの町はすっかり西洋風になり、生活形態や風習も西欧化した。衣食住のいずれもがヨーロッパ風になった。

貴族、官僚、軍人、各種専門家、家庭教師、職人として多数のヨーロッパ人がやってきた。貴族家庭の日常用語はフランス語となった。一九世紀なかばのロシア人口中、ドイツ人の割合は一・一パーセントだったが、政府の管理部門では驚くべき割合を占めた。帝室顧問官の三六パーセント、元老院議員の三三、各省の高官については、外務省では五七、内務省二七、陸軍省すら四六、海軍省では三九パーセントがドイツ人だったのである（トマス・マサリック『ロシヤ思想史』）。

しかし、そんな風に西欧化した町は当初ピーテルだけだった。他の町では、変化はゆっくりとしたテンポでしか進まなかった。農村には、変化はほとんど及ばなかった。当然ながら、都市にも古くからのロシアに特有な風習、考え方、文化が根強く残った。

古いロシアは、それなりに調和をもって暮らしてきた。支配者と被支配者、上流階級と下層階級の間の貧富や権限の差は大きかったが（農民のなかば以上が無権利状態の農奴であった）、共通の文化体系と価値観をもち、社会構造も昔から長いことなじんだものであった。そこへ異国的な生活と文化がなだれ込んできたのである。こうしてロシアは、社会的にも文化的にも、ふたつに切り裂かれることになった。

西欧風が入り込んで、「ロシア的なもの」と対立したのは、当初はピーテルだけだった。ときとともに西欧化の影響は、全国の各都市に広がってゆくが、ピーテルは初めから二重人格で出発したのである。

ピーテルはロシアの中で突出した特殊な町となった。いかに皇帝が君臨し、国の中枢があるといっても、全体から見れば圧倒的少数派である。ロシア人の多くがここに矛盾を見出し、危うい虚構性を感じたのは当然であろう。「アンチ・キリストのピョートルの町は、神に罰せられて姿を消すだろう」という予言がしばしば語られた。

しかしながら、ピョートルの死後、ペテルブルグは滅亡しなかった。それどころか花のごとく咲き誇り、一〇〇年後にプーシキンが「青銅の騎士」の中で「かくて新しい都の前に古都モスクワの光は薄れた　さながら新しい后《きさき》の前の　太后のように。」とうたったように（今なら問題になりそうな発言でありますが）、モスクワを圧倒した。当初の虚構性を克服し、ピーテルは徐々に現実味をそなえていったのである。多くの勢力が改革の行きすぎを修正しようと試みたにもかかわらず、西欧化の基本路線が変わらなかったのと同じである。ピョートル大帝は改革路線を、あともどり不能点にまで推し進めていたのだった。

同時にこれは、近代化・西欧化した階層と文化が、ロシアを主導するようになってきたことを表す。それによってロシアがかかえる矛盾はより深刻になったとも言えるが、ヨーロッパの一部であることを否定する近代ロシアというものは、もはやありえなかった。ロシアを安定させ、国力を高めたエカテリーナ二世が死んだとき、首都としてのペテルブルグはすでに八〇年以上の歴史をもっていたのである。

一九世紀なかばともなると、ピーテルは完全にロシアを代表する文化都市であった。たしかに素性の上からは、モスクワが正統ロシア文化の保持者であったが、ピーテルは新しいロシア、新しい文化、新しい現実を具現するにいたっていたのである。

このようにしてロシア文化にはふたつの流れが生じ、モスクワとペテルブルグはそれぞれを代表する町になった。しかしながらペテルブルグといえども、やはりロシア的な特徴を色濃くにじませたロシアの町であることは忘れてはならないだろう。

幻想と生命力

すでに述べたように、ピーテルは光と影、栄光と悲劇に満ちた歴史につつまれている。だから町の面影には濃い陰影が漂う。

また、人工的に作られた町は当初から矛盾だらけであり、どうしても不自然さが消えない。ピョートル大帝の新都建設の基本方針は、そもそもロシアの伝統の否定だったから、首都のグランドデザインの背後に、みずからの文化の伝統が欠如していたのである。町は外国を模倣して作られたが、特定なモデルがあったわけではない。一方でロシアの香りはぬぐおうとしてもぬぐいきれない。このように、基本的特徴そのものが矛盾しており、非現実的なのである。

ピーテルを美しく彩る自然はなんといってもネヴァ川の水であるが、この水もときどき洪水という大厄災をもたらす。ピーテルでは、生みの親の水さえも、ときに残酷な仕打ちをするのである。

多くの訪問者は夏のいい時期にここを訪れ、その美しさに酔いしれる。しかしこの町では、およそ半年間が陰鬱な冬なのである。夏の白夜の代償に、真冬は昼の光をうばわれる。朝は九時すぎまで暗く、夕方は三時くらいからたそがれる。しかも、その短い昼間ですら、空はどんよりと雲におおわれ、日の光はめったにささない。

その暗さに、寒さが加わる。冬のペテルブルグの気温はモスクワより高いのだが、湿気と風のせいで、はるかに寒く感じられる。夏は心地よかったネヴァの川風が、真冬には厚いコートをも突き抜ける。長い、暗い日々が続くと、気分も憂鬱になってくる。

冬に劇場と音楽ホールはハイシーズンを迎える。華やかな舞台が繰り広げられ、コンサートは妙なる音色を響かせる。町はいっとき輝きをますが、しかし、これこそ幻想でなくて、何であろうか。こうして、毎年繰り返される単なる季節の移り変わりですら、町に矛盾と幻想のにおいをもたらさずにはおかない。

しかしこうした複合的性格はこの町に、矛盾さえもが美となる、幻想のような雰囲気を与えた。ペテルブルグは大いなる対立と矛盾と幻想の町なのだ。ときには虚構の町と言われることさえある。

そんな矛盾した性格がなぜ多くの人をひきつけてきたのだろう。それは欠点であり、弱さではないのか。そこにさえこの町の謎めいた魅力があるのは、なぜなのだろうか。

ペテルブルグは社会主義時代にあまり破壊をこうむらなかった。けっして良好な保存状態だったとは言えないし、教会を中心に破壊されたものも多数あるが、それ以外には、モスクワのように区画ごと爆破して除去するようなことはあまりなかった。なぜピーテルが社会主義の破壊を免れたのか、不思議なことである。基本的には、町に対する住民の深い愛情と誇りが、破壊を許さなかったのだろう。

この町は独ソ戦の九〇〇日に及ぶ包囲の際に、爆撃・砲撃を受けてかなりの損傷を受けた。近郊のペテルゴフ（宮殿）やエカテリーナ宮殿のように、ドイツ軍に占領されてしまい、徹底的に破壊されたものもあるが、全体として修復可能な損害ですんだのは、幸いなことであった。市民が文化財を爆撃・砲撃から守ろうとして、包囲下でも飢えに耐えて必死の努力を傾けたことはよく知られている。

「はかなさ」と「たくましさ」

このように、ピーテルはぐいぐいと上り坂を登った一八、一九世紀だけでなく、社会主義時代と包囲戦を通じても、おどろくほどの生命力を見せた。ピーテルがもつ「幻想性」と「非現実性」は、存在のはかなさや無力さを意味するものではなかった。この町は美しいだけではなく、また不思議なだけでもなく、力強い生命力をもっているのである。こうしてこの町には矛盾がまた加わった。幻想性（はかなさ）と生命力（たくましさ）の共存である。謎めいた魅力の秘密はこの生命力にあるに違いない。光と影、数々の矛盾、非現実性などをはらんだまま発揮される生命力。これがピーテルの魅力なのだ。これがあるからこそ、ロシアのふるさとであるモスクワとならび立つことができるのだ。

今後のためにこの生命力はぜひ温存してもらわなければならない。というのは、今後予想される最大の危険は、多くの人が指摘するように、ジャングル資本主義とでもいうべきむき出しの金もうけ主義による商業的破壊だからである。ちらほら話が出始めている「合理的都市整備計画」などというものが、文化と伝統の破壊をもたらさないように、ぜひとも抵抗してもらわなければならない。たとえ幻想の町がもつ摩訶不思議な魔法の力を借りてでも。

あとがき

どの町も固有のことばで人々に語りかけ、自己の存在を示す。ここで「ことば」というのは、何よりも街並みであり、建物であり、地理的条件や気候であり、そこに住む人々の暮らしぶりのことだが、そのほかにも歴史の記憶や、伝説・神話の集積、さらに芸術作品や食べ物なども加わって、その町特有の物語世界を作り出すのだ。

ロシアの辺地に短期間のうちに劇的に作り出された人工の町ペテルブルグでは、物語性は特に強く現われる。町の歴史が、急激に近代化して充実したロシア帝国の成長やロシア文化・芸術の成熟と重なっていたから、それはなおさら鮮烈なものとなった。ペテルブルグでは、町とそれが生み出した物語（テクスト）そのものが総合的な芸術作品だと言える。

そこでロシアにはかなり早い時期から、こうした膨大な内容をもつ町自体を考察・研究の対象とする視点が生じ、多数の思想家、評論家、学者、芸術家がこれに取り組んできた。文学的性格の強い「ペテルブルグ学」と名づけることもできるだろう。

当然ながら、これは日本のロシア研究者たちの関心も引いた。特にペレストロイカ以後、渡航・滞在・居住・研究が容易となり、社会主義イデオロギーの呪縛が解け、情報が爆発的に増大し、記号論的アプローチが注目されると、少なからぬ専門家・研究者が「ペテルブルグ学」に手を染めるようになり、その成果も発表されるようになった。ただそのほとんどは、かなり専門的で抽象度が高い論文であり、ふつうの意味の町案内とはならない。

一方、海外旅行の大衆化が進み、毎年多数の人がピーテルを訪れる。日本からの観光ツアー参加者はモスクワより多いのである。若い人たちの留学・遊学熱もさかんで、しばらく前では考えられない数の学生や研究者が長・短期留学や滞在を楽しんでいる。もっとも、ビジネス・チャンスの少ないピーテルには、日本の企業関係者はあまりいない。

しかしながら、日本全体のロシアに対する関心は低く、かつては教養の一部として欠かせないと考えられたロシア文学を読む人の数もめっきりへってしまった。社会主義体制崩壊後の新しい環境のもとで旺盛な生命力を見せるロシアの新しい演劇やポップ・アートなどが一部のファンをひきつけているが、その数は多いとは言えない。ピーテルが存在感をもって示す、一九世紀ロシア文化に関心を寄せる人はもっと少ないのかもしれない。

こんな状況の中で、読み物としてのペテルブルグの手引きといえる本はこれまで生まれなかった。ロンドン、パリ、ローマ、ウィーンなどに関してはさまざまな側面から光をあてる案内書が多数あるが、ピーテルに関しては、なんと旅行ガイドブック以外にはほとんど何もないのである。

　信じられないような気もするが、現実のピーテルにじっくりふれた人の数が従来はごく限られていたのである。また、不自由の壁にへだてられたこの町は多くの人々に、はるか遠くにあるものと思われてしまい、実感を欠いたのだろう。だから、読者の側からの要望も強かったとは言えない。

　もうひとつ、阻害要因があるかもしれない。なまじ勉強すると、膨大な歴史的・文学的・芸術的テクストをまとったこの町の全体像を紹介する勇気がうせてしまうのである。知れば知るほどその奥の深さにおどろかされ、おどかされて、めったなことは言えるものではない、という気になる。まじめな研究家であるほど、ためらってしまうのではないだろうか。

＊

　私がペテルブルグに魅せられるようになったのは、じつは比較的最近、ソ連邦が崩壊したあとのことである。好奇心にかられて町を歩き回っているうちに、それなりに知識と経験がふえ、自分が得た「目からうろこ」の感じを人に紹介したいという気持ちに取りつかれた。

　専門家ではなく愛好者にすぎないから、今頃になって「目からうろこ」が落ちたのだし、そんなことができると気楽に考えたのだろう。執筆を始めると、無謀であったことにわれながらあきれたが、類書がないことをはげみに突っ走ることにした。

私がめざしたのは、多少の背景知識を加えておもしろく読めるようにした名所観光案内のようなものである。実際に見物の手引きにするだけでなく、読んでおもしろい本にしたかった。読者のほうもまだよくは知らないのなら、あまりむずかしくない、気楽なものを読みたいのではないだろうか。私がおおいに楽しませてもらったローマやウィーンなどに関する本は、専門家の手になる場合でも、そんな性格をもっていた。

私は「ペテルブルグ学」に見られるような文学論・芸術論ではなく、おおぜいの人のために、自分の目で見た、実感のこもる、実物に即したペテルブルグ散策の手引きを作りたかった。もっとも、そんな私の意図がどこまで達成できたかは、読者の判断にゆだねるしかない。

最後になったが、中公新書編集部の松室徹、郡司典夫、松本佳代子の諸氏にはさまざまなご助力をいただいた。記して感謝したい。

二〇〇六年二月

小町文雄

『肖像画』『外套』『狂人日記』などの中編小説は、ピーテルを舞台に繰り広げられ、当時のこの町の雰囲気を生き生きと伝える。

H・トロワイヤ『ドストエフスキー伝』（村上香住子訳、中公文庫、1988年）

本文でも書いたように、ドストエフスキーとペテルブルグは切っても切り離せない。ただ、ドストエフスキーに関する文学論、作品論は無数にあるが、伝記は意外に少ない。ほかの作家についても、伝記はあまりない。

江川卓『謎とき「罪と罰」』（新潮選書、1986年）

作品の全体にわたって作者が仕掛けたからくりを解き明かす、知的興奮にあふれる本だが、原作の性格から、かなりの部分が起こったできごととその舞台である町の一角の関係にあてられているので、探訪散策（文学散歩）の手がかりの本ともなる。

★芸術関連

R・ムラギルディン『ロシア建築案内』(TOTO出版、2002年)

ロシアの主要な建築物を多数の写真で紹介しながら建築史的解説を加えたもので、ロシア建築に関しては、これまでに類を見ない充実した内容である。

B・ピオトロフスキー『エルミタージュ美術館:その歴史とコレクション』(加藤九祚訳、岩波書店、1985年)

長年館長をつとめた人物による、大部のオーソドックスな紹介の書。

郡司良夫・藤野幸雄『エルミタージュ　波乱と変動の歴史』(勉誠出版、2001年)

美術館のガイドや所蔵美術品の紹介ではなく、美術館と所蔵品収集の歴史をたどったもの。興味深い事実がいろいろと明かされている。

S・ヴェスニンほか『エルミタージュ』(大久保加菜訳、イワン・フョードロフ社〈サンクト・ペテルブルグ〉、2003年)

ロシアで出版された美しい写真入りの、外国人向け案内書の日本語版。膨大な鑑賞対象をバランスよく紹介している。

鈴木竹夫『忘れえぬ女(ひと):帝政ロシアの画家・クラムスコイの生涯』(蝸牛社、1992年)

日本でも公開されて、その美しさが評判を呼んだこともある《忘れえぬ女(ひと)》(と著者は訳している)の作者、移動展覧派のクラムスコーイの伝記だが、19世紀ロシアの美術ばかりでなく、文学や思想にもふれている。

草鹿外吉『プーシキン　愛と抵抗の詩人』(新日本新書、1989年)

ロシア人がプーシキンに対していだく愛情の強さに、外国人はおどろかされる。ペテルブルグの人々にとって、プーシキンがここで育ち、学び、活躍したことは大きな誇りであり、プーシキンは「われらが」詩人なのである。

H・トロワイヤ『ゴーゴリ伝』(村上香住子訳、中央公論社、1983年)

ゴーゴリもピーテルに縁の深い作家である。ゴーゴリにはいなかを背景にした作品が多いが、『ネフスキー通り』をはじめ、『鼻』

による大作で、帝政ペテルブルグ貴族社会に生きた人々の価値観や生活が生き生きとよみがえる。

★ロマノフ王朝関連

土肥恒之『よみがえるロマノフ家』(講談社選書メチエ、2005年)

ロマノフ王朝の誕生から滅亡までを、各皇帝・女帝について時代背景から個人的性格まで叙述した本。長いこと無視・軽視されてきたロシア史の側面がしろうとにもわかりやすく描かれ、興味深い事実がいろいろ紹介されている。

H・トロワイヤ『大帝ピョートル』(工藤庸子訳、中公文庫、1987年)

ロシア生まれのフランス人作家の手になる伝記。豊富な資料に裏付けられているが、小説を読むようにおもしろい。このことは以下のトロワイヤの著作すべてに当てはまる。

河島みどり『ピョートル大帝の妃』(草思社、2002年)

エカテリーナI世は在位わずか2年余りの女帝で、ふつうの歴史書ではほとんどふれられない存在だが、ひとりの女性として見るならばきわめて興味深い人物で、しかもロシアの歴史に深く関与している。この本はその人生と人間像を鮮やかに描きだしている。

H・トロワイヤ『恐るべき女帝たち』(福住誠訳、新読書社、2002年)

ピョートル大帝の死からエカテリーナII世の戴冠まで、37年間に登場した6人の皇帝のうち3人が女帝だった。この時代のロシア宮廷の乱脈ぶりを描く。

H・トロワイヤ『女帝エカテリーナ』(工藤庸子訳、中公文庫、1985年)

わが国では人気劇画となり、宝塚歌劇団によって上演されたほどの、波乱万丈の物語である。ピョートル大帝の後を受けて近代ロシアを前進させた女帝の裏表が紹介される。

小野理子『女帝のロシア』(岩波新書、1994年)

トロワイヤの本よりはるかに少ない分量ながら、エカテリーナII世の全体像に迫ろうとする正攻法の本。著者は女帝を高く評価し、性的放縦というイメージはトロワイヤによって誇張されすぎ、正当な評価を妨げていると言う。

親しんだ。その体験は随所に示されているが、本書の圧倒的大部分は文学および芸術に関する論文というべきものである。

近藤昌夫ほか『都市と芸術の「ロシア」』(水声社、2005年)

若手ロシア文学研究者による論文集のような本で、全体の三分の一強が文学的なペテルブルグ都市論にあてられている。

★歴史・文化史関連

外川継男『ロシアとソ連邦』(講談社学術文庫、1991年)

W・ヴェイドレ『ロシア文化の運命』(山本俊朗・野村文保・田代裕共訳、冬樹社、1972年)

前者はロシア通史、後者は文化史で、ペテルブルグを通してロシアの歴史と文化にふれようとするなら、知っておいたほうがよい基礎的なことが平易に、興味深い筆致で書かれている。

M・ラエフ『ロシア史を読む』(石井規衛訳、名古屋大学出版会、2001年)

ロシアが近代化し、ロマノフ王朝のロシア帝国が確立した時期を扱う。つまりペテルブルグが完成してゆく時期のくわしい歴史なので、町を理解するためには大変参考になる。

D・ウォーンズ『ロシア皇帝歴代誌』(栗生沢猛夫監修、創元社、2001年)

ロシア史を、歴代大公とツァーの事蹟を追う形でまとめたもので、ほぼ通史とも言える。わかりやすいし、豊富な図版が楽しい。

R・ヒングリー『19世紀ロシアの作家と社会』(川端香男里訳、中公文庫、1984年)

19世紀ロシア文学を理解するために必要な知識を集めた本だが、そのまま当時のロシアがどういう世界だったのかを解き明かすことになる。当時の作家の立場、ロシアの自然条件、民族から始まって、皇帝、身分制度、宗教、社会制度など多数の問題にふれている。

ユーリー・ロートマン『ロシア貴族』(桑野隆・望月哲男・渡辺雅司訳、筑摩書房、1997年)

原書の副題「18世紀から19世紀初頭にかけてのロシア貴族の生活様式と伝統」が内容をよく表している。ペテルブルグに住んでその文化を作った人々の思考と行動を解明する、記号論の権威者

参考文献

この本はペテルブルグ散策の案内である。しかしこの程度の散策でも、ロシアとペテルブルグの歴史、文化、生活に関する多少の理解と知識がないとおもしろくない。旅というものは一般に、旅先に関する知識が多ければ多いほどおもしろくなるのである。

そこで、直接的な案内（本文にも書いたとおり、そういうものはほとんどない）とは言えないが、ピーテル散策を豊かにするような基礎的な本を少々ならべてみた。ただ、私はこの方面の専門家ではないし、話題によっては多数の関係文献があるので（たとえばロシア史やロシア文学の話になったらキリがない）、この一覧表はごく限定的、恣意的なものである。良書は多数あるが、ここではあえてあまりたくさんならべないことにした。トロワイヤの作品が多くなってしまったが、おもしろいし入手しやすいので、はずすことはしなかった（順不同）。

この本を書くためにいくつかのロシア語文献を利用したが、専門研究書でない本書にそれをならべる必要はないと思う。ここでは、翻訳を含む日本語文献のうち、本書が比較的大きく扱った事項に関して、私が読んだものの一部をご参考までにあげてある。

★ペテルブルグ関連

A・マルゴリス『サンクト・ペテルブルグ』（パンクラートヴァ＝池上訳、アブリス出版〈サンクト・ペテルブルグ〉、1999年）

ロシアで出版された美しい写真入りの、外国人向け観光案内の日本語版。観光案内といっても、歴史的・文化的遺産を紹介する、かたいものである。現地に行かないと買えない。今では類書がいくつもある。

大石雅彦『聖ペテルブルク』（水声社、1996年）

ロシア文学研究者である著者は、1993〜94年にまる1年ピーテルに生活し、町じゅうを歩き回り、博物館、演劇、音楽会などに

な行

は行

ま行

や・ら・わ行

さ行

た行

事項索引

あ行

か行

(1786-1858)　154,155
ラストレッリ,フランチェスコ
(1700-1771)　84,85,104
レーニン,ウラジーミル
(1870-1924)　21,52,109,185
レーピン,イリヤー
(1844-1930)　63,116,126
ルブリョフ,アンドレイ
(1360-1430)　122
ロッシ,カルル
(1775-1849)　72,87,118,139

人名索引

サ行

シシキン,イワン
(1832-1898)　64,128
シェミャーキン,ミハイル
(1943-)　32,177
スターリン,ヨシフ
(1879-1953)　21,111,113,186,188
ストローガノフ,アレクサンドル
(1733-1811)　76
スリコーフ,ワシーリィ
(1848-1916)　63,128,174

タ・ナ行

タラカノーヴァ,エリザヴェータ
(1745?-1775)　33
ドストエフスキー,フョードル
(1821-1881)　118,195
トレジーニ,ドメニコ
(1670-1734)　83
トルスチコフ,ワシーリィ
(1917-)　164
ナポレオン・ボナパルト
(1769-1821)　36,65,76,118,139,143,226
ニコライ一世
(1796-1855／在位 1825-1855)
55,104,143,154
ニコライ二世
(1868-1918／在位 1894-1917)
37
ネーステロフ,ミハイル
(1862-1942)　130,167

ハ行

パーヴェル(帝)
(1754-1801／在位 1796-1801)
36
ピオトロフスキー,ボリス
(1908-1990)　151
ピョートル一世(大帝)
(1672-1725／在位 1682-1725)
29,30,33,34,38,46〜48,102,153
ピョートル二世
(1715-1730／在位 1727-1730)
35,174
ピョートル三世
(1728-1762／在位 1761-1762)
106,107
プーシキン,アレクサンドル
(1799-1837)　13,51,116,143,146
ブチコフ,ゲオルギー
(1925-2002)　151,152,164
プーチン,ウラジーミル
(1952-)　22,30

マ・ヤ・ラ行

メンシコフ,アレクサンドル
(1673-1729)　41,171〜174
モンフェラン,アウグスト

人名索引

ア行

アレクサンドル一世
(1777-1825/在位 1801-1825)
36, 138, 143, 154
アレクサンドル二世
(1818-1881/在位 1855-1881)
64, 154, 162, 163
アレクサンドル三世
(1845-1894/在位 1881-1894)
120, 162
アレクサンドル・ネフスキー
(1220-1263) 28, 46
アンツィーフェロフ, ニコライ
(1889-1958) 199, 204
アンナ(女帝)
(1693-1740/在位 1730-1740)
36
イワン六世
(1740-1764/在位 1740-1741)
35
ヴァスネツォーフ, ヴィクトル
(1848-1926) 64, 130, 167
エカテリーナ一世
(1684-1727/在位 1725-1727)
66, 102, 173, 174
エカテリーナ二世
(1729-1796/在位 1762-1796)
67, 103~106, 140, 146
エセーニン, セルゲイ
(1895-1925) 149, 150
エリザヴェータ(女帝)
(1709-1761/在位 1741-1761)
36, 66, 103, 106
エリセーエフ, セルゲイ
(1889-1975) 72

カ行

カンディンスキー, ワシーリィ
(1866-1944) 113
キーロフ, セルゲイ
(1886-1934) 193
クシェシンスカヤ, マチルダ
(1872-1971) 30, 183
クストージエフ, ボリス
(1878-1927) 131
グリンカ, ミハイル
(1804-1857) 116
クルゼンシテルン, イワン
(1770-1846) 179
ゴーゴリ, ニコライ
(1809-1852) 58~60
ゴルバチョフ, ミハイル
(1931-) 112

小町文雄（こまち・ふみお）

本名・宇多文雄．1941年，鎌倉生まれ．上智大学外国語学部ロシア語学科卒．外務省入省，在ソ連日本大使館勤務を経て，上智大学外国語学部教授．ロシア語，ロシア（ソ連）政治・社会論専攻．NHKテレビ・ラジオロシア語講座講師，ミシガン大学客員研究員，北海道大学客員教授などを歴任．ペテルブルグ文化大学名誉博士．
著書『ソ連－政治権力の構造』（中央公論社／宇多文雄名義）
『新ロシア語会話教本』（共著，研究社／宇多文雄名義）
『おれんちでメシ食わないか』（光文社）
『ロシアおいしい味めぐり』（勉誠出版）など

サンクト・ペテルブルグ
中公新書 1832

2006年2月25日発行

著　者　小町文雄
発行者　早川準一

本文印刷　暁印刷
カバー印刷　大熊整美堂
製　本　小泉製本

発行所　中央公論新社
〒104-8320
東京都中央区京橋 2-8-7
電話　販売部 03-3563-1431
　　　編集部 03-3563-3668
URL http://www.chuko.co.jp/

Published by CHUOKORON-SHINSHA, INC.
Printed in Japan　ISBN4-12-101832-X C1225